MÜNCHNER STUDIEN
ZUR
SOZIAL- UND WIRTSCHAFTSGEOGRAPHIE

in

MÜNCHNER UNIVERSITÄTS-SCHRIFTEN

Staatswirtschaftliche Fakultät

MÜNCHNER STUDIEN
ZUR
SOZIAL- UND WIRTSCHAFTSGEOGRAPHIE

Herausgeber:

Wirtschaftsgeographisches Institut der Universität München

KARL RUPPERT FRANZ SCHAFFER
München Augsburg

Schriftleitung: Dr. J. Maier

BAND 10

Die Bodenpreise in Stadt und Region München

Räumliche Strukturen und Prozeßabläufe

von

Thomas Polensky

VERLAG MICHAEL LASSLEBEN KALLMÜNZ/REGENSBURG

1974

Gedruckt mit Unterstützung aus Mitteln der Münchner Universitäts-Schriften

Für die Unterstützung bei der Drucklegung dieser Untersuchung sei der Neuen Heimat Bayern, der Stadt Landshut und dessen Oberbürgermeister J. Deimer sowie der Bayerischen Landesbausparkasse bestens gedankt

Alle Rechte vorbehalten
Ohne ausdrückliche Genehmigung des Verlages in Übereinkunft mit dem Herausgeber ist es nicht gestattet, das Werk oder Teile daraus nachzudrucken oder auf photomechanischem Wege zu vervielfältigen.
© 1974 by Verlag Michael Laßleben, Kallmünz/Regensburg

ISBN 3 7847 6510 6

Satz und Druck: Buchdruckerei Michael Laßleben, Kallmünz über Regensburg

VORWORT DES PROJEKTLEITERS

Im Rahmen des Forschungsprojektes „Urbanisierung als sozialgeographischer Prozeß" gelangt mit der vorliegenden Studie die zweite von insgesamt 4 abgeschlossenen Arbeiten zur Publikation. Auch an dieser Stelle sei wiederum der Deutschen Forschungsgemeinschaft in Bad Godesberg für die finanzielle Unterstützung der Studien sehr herzlich gedankt.

Neben der veröffentlichten Arbeit liegt bereits vor:

Monheim, H.: Zur Attraktivität deutscher Städte — Einflüsse von Ortspräferenzen auf die Standortwahl von Bürobetrieben. WGI-Berichte zur Regionalforschung München 1972, H. 8.

In Druckvorbereitung befinden sich die 1975 erscheinenden Arbeiten von:

Paesler, R.: Urbanisierung als sozialgeographischer Prozeß, dargestellt am Beispiel südbayerischer Regionen.
Münchner Studien zur Sozial- und Wirtschaftsgeographie, Bd. 12.

Thürauf, G.: Industriestandorte in der Region München. Geographische Aspekte des Wandels industrieller Strukturen. WGI-Berichte zur Regionalforschung, Bd. 13.

Dem Anliegen des Projektes, Grundlagenmaterial für die Diskussion um die Bewertung des anstehenden Agglomerations- und Urbanisierungsprozesses bereitzustellen, wird mit der vorliegenden Arbeit entsprochen. Das planerische und gesellschaftspolitische Interesse gegenüber dem Indikator „Bodenpreis", welches in den zurückliegenden Jahren in steigendem Maße bekundet wurde, findet in dieser Arbeit auch im Hinblick auf die regional differenzierte Aussage wertvolles Grundlagenmaterial. Die Basis für alle Untersuchungen stellt das am Wirtschaftsgeographischen Institut der Universität München erarbeitete „Sozialgeographische Konzept" dar.

Neben der theoretischen Bedeutung der Arbeit, die vor allem in neuen Erkenntnissen für die wissenschaftliche Forschung zu erblicken ist, liegt das Schwergewicht auf der praktischen Verwertbarkeit der Aussagen beispielsweise für die Orts-, Regional- und Landesplanung. Der Projektleiter und Vorstand des Wirtschaftsgeographischen Instituts der Universität München dankt allen Personen und Institutionen, die durch ihre Unterstützung zum Gelingen des Vorhabens beigetragen haben. Er gibt der Hoffnung Ausdruck, daß die im Rahmen des Projektes vorgelegten Studien eine wertvolle Hilfe für den Praktiker darstellen und helfen, die angebahnten bzw. vertieften Kontakte zwischen Praxis und Wissenschaft zu festigen. Die Arbeiten werden zur Zeit in einem größeren Rahmen für den bayerischen Raum fortgesetzt.

K. Ruppert

VORWORT DES AUTORS

Die regional stark differenzierten Bodenpreisgefüge von München und seiner Region einer Struktur- und Prozeßanalyse mit Hilfe von wirtschafts- und sozialgeographischen Methoden zu unterziehen, war das zentrale Anliegen dieser Arbeit. Herrn Professor Dr. K. *Ruppert,* meinem Lehrer und Vorstand am Wirtschaftsgeographischen Institut der Universität München, gilt mein aufrichtiger Dank für die Betreuung und das große Interesse an dieser Studie. Wertvolle persönliche Ratschläge von ihm sowie zahlreiche Anregungen in Diskussionen aus dem Kreise seiner Mitarbeiter, meiner langjährigen Arbeitskollegen, haben die Arbeit in starkem Maße zu fördern vermocht. Ebenso danke ich Herrn Professor Dr. K. *Oettle* für die Übernahme des Korreferates.

Die vorliegende Untersuchung ist Bestandteil des Forschungsprojektes „Urbanisierung als sozialgeographischer Prozeß" und als solche von der Deutschen Forschungsgemeinschaft unterstützt worden. Für die gewährte finanzielle Hilfe, welche für die Abwicklung der Arbeit von großer Bedeutung war, sei an dieser Stelle besonders gedankt.
Für das große Interesse und die zuteilgewordene Unterstützung bei der Beschaffung des Datenmaterials seitens der Stadt München danke ich besonders dem berufsmäßigen Stadtrat, Herrn W. Veigel, sowie dem ehemaligen Leiter des Städtischen Bewertungsamtes der Stadt München, Herrn P. Seebauer.

München, Mai 1973

INHALTSVERZEICHNIS

Vorwort 5

I. Problemstellung 9

II. Die Aussage der amtlich veröffentlichten Bodenpreisstatistik . . 10

    1. Die Grundbesitzwechselstatistik in den Statistischen Jahrbüchern deutscher Städte bzw. Gemeinden 10

    2. Die Grundbesitzwechselstatistik in den Statistischen Jahrbüchern für das Deutsche Reich . 15

    3. Die Baulandpreisstatistik seit Inkrafttreten des Bundesbaugesetzes 16

        a) Die Preisentwicklung für baureifes Land in der Stadt München im Vergleich mit anderen Großstädten der BRD 16

        b) Der Baulandmarkt für unterschiedliche Baulandarten in der Stadt München 24

        c) Der Baulandmarkt in der Region München im Vergleich mit anderen Teilräumen Bayerns. 24

III. Die Voraussetzungen der kleinräumlichen Bodenpreisanalyse . . 29

    1. Die methodischen Probleme der Materialaufbereitung 30

    2. Die zentrale Bedeutung des Bezugswertes für den Preisvergleich 31

    3. Die wichtigsten Bodenwerteinflußfaktoren 34

        a) Der Erschließungszustand des Bodens 35

        b) Die potentielle Nutzung des Bodens 38

        c) Die Lage des Bodens 40

IV. Die Strukturanalyse der Bodenpreisgefüge in München als Grundlage komparativ statischer Preisvergleiche 42

    1. Das städtische Bodenpreismuster und seine Veränderungen 44

        a) Das Preisgefüge im 18. und 19. Jahrhundert 44

        b) Das Preisgefüge 1904 50

        c) Das Stoppreisgefüge 1936 51

        d) Das Richtwertgefüge 1960 53

        e) Das Richtwertgefüge 1971/72 55

    2. Die Markt- und Preisentwicklung in München und den Gemeinden der Region in den Jahren 1962—68 57

        a) Das Preisgefüge der landwirtschaftlichen Nutzfläche 1965 58

        b) Der Baulandflächenumsatz 1962—68 60

        c) Der Flächenumsatz und das Preisgefüge für baureifes Land 1962—68 65

V. Die prozeßhafte Veränderung des städtischen Bodenpreisgefüges in München 67

    1. Der Geschoßflächenpreis als Indikator für die Attraktivität städtischer Wohngebiete . . 68

    2. Die räumliche Regelhaftigkeit städtischer Bodenpreissteigerungen 73

    3. Der Cityrand als Ort minimalster Bodenpreissteigerungen 76

Schlußwort 80

Mathematischer Anhang 82

Literaturverzeichnis 85

Verzeichnis der Tabellen im Text 95

Verzeichnis der Abbildungen im Text 95

Verzeichnis der Karten 96

Zusammenfassung in englischer, französischer und russischer Sprache 97

I. PROBLEMSTELLUNG

Unter den Begriff Boden lassen sich gemeinhin eine Reihe unterschiedlicher Inhalte subsumieren. So wird als Boden die feste Erdoberfläche, der Baugrund, die statistische Bezugseinheit (z. B. Hektarertrag), der Produktionsfaktor, verstanden[1]. So vielschichtig wie der Begriff, so zahlreich sind die Wissenschaftsbereiche, die sich mit dem Boden beschäftigen. Hierzu zählen insbesondere: Geographie, Geologie, Geodäsie, Orts-, Regional- und Landesplanung, Städtebau, Statistik, Volkswirtschaft, Jura und viele andere.

Selbst innerhalb eines Wissenschaftsbereiches wie der Geographie, erfährt das Interesse am Boden eine mannigfache Aufsplitterung. Für den physischen Geographen stehen vor allem geomorphologische und bodenkundliche Fragen im Vordergrund. Der Sozialgeograph sieht sein Interesse am Boden mit dem Raumanspruch des Menschen bzw. menschlicher Gruppen bei der Ausübung der Grunddaseinsfunktionen begründet[2]. Die unterschiedliche Raumrelevanz der Funktionen lenkt dabei das Augenmerk in erster Linie auf die Grunddaseinsfunktionen Wohnen, Arbeiten und Versorgen bzw. deren verortete Strukturmuster[3].

Aus dem Bedarf an Grund und Boden resultiert in Zusammenhang mit der Tatsache, daß der Boden knapp und gegenüber den Produktionsfaktoren Arbeit und Kapital immobil ist, eine Bewertung des Menschen, die im Preis für den Boden zum Ausdruck kommt. Vergleichbar mit anderen Wirtschaftsgütern besitzt der Boden ganz allgemein — das Bauland im besonderen — unterschiedliche Qualitätsmerkmale, wie z. B. den Erschließungsgrad, die Lage etc., die den Preis, d. h. die Wertschätzung des Menschen beeinflussen. Der Baulandpreis ist mithin Ausdruck für die Bewertung all jener Faktoren, die ein Grundstück, ein Gebiet, einen Stadtteil, eine Stadt, eine Region, d. h. ganz allgemein einen Raum attraktiv oder unattraktiv in der Beurteilung einzelner Individuen oder Gruppen erscheinen lassen. Diese Bewertung führt zu regional differenzierten Mustern, wie sie sich in Gestalt der Bodenpreisgefüge über die Räume ausbreiten und in der Standortverteilung der einzelnen Nutzungsarten Industrie, Handel, Gewerbe und Wohnen ihren Ausdruck finden. Gewissermaßen durch einen Rückkopplungseffekt beeinflussen diese Bewertungsmuster aber auch die menschlichen Individuen und Gruppen, können zur sozialen räumlichen Segregation wie zur sozialen Agglomeration im Raum führen.

Der Aussage dieser Preisgefüge in Bezug auf den Selektionsprozeß unter den Sozialgruppen und den Sortierungsprozeß jener verorteten Einrichtungen im Stadtgebiet, die der Ausübung der Grunddaseinsfunktionen dienen, gilt das besondere Interesse dieser Arbeit.

Ebensowenig wie nach verwaltungstechnischen Gesichtspunkten abgegrenzte Stadtbezirke eine in sich homogene Bewertungseinheit darstellen, trifft dies für das Stadtgebiet selbst zu. Vielseitig sind die wechselseitigen Verflechtungen von Stadt und Umland und deren Einfluß auf das gesamte Wertgefüge. Stadtrandwanderung, der Wunsch nach Raum im Grünen, ist dabei ebenso bedeutsam für die Bodenbewertung, wie der Wunsch jener im Umland ansässigen Bevölkerung, ihren Konsum in der City — jenem Ort des größten Angebots hinsichtlich der Sortimentsbreite und -tiefe — zu decken. Ein Verlangen, welches angesichts der raumgreifenden Erschließung der S-Bahn verstärkt wird, und für die Wertausprägung der Innenstadt nicht ohne Konsequenzen bleiben kann.

Das städtische Bodenpreisgefüge ist — so betrachtet — nur ein mehr oder weniger willkürlich abgegrenzter Ausschnitt aus dem Wertgefüge der Region, dessen durch den Bodenpreis indizierte Reichweiten aufzuzeigen ein weiteres Anliegen dieser Arbeit darstellt, die es sich damit zur Aufgabe macht, nicht nur den Aspekten der Stadtplanung, sondern auch regional- und landesplanerischen Gesichtspunkten Rechnung zu tragen.

---

[1] Vgl. Meyer, K.: Boden, in: Handwörterbuch der Raumforschung und Raumordnung (Zitierweise = HdRR), 2. Aufl. Hannover 1970, Sp. 279—280.

[2] Vgl. Partzsch, D.: Funktionsgesellschaft, ebd., Sp. 866.

[3] Vgl. Ruppert, K., Schaffer, F.: Zur Konzeption der Sozialgeographie, in: Geographische Rundschau (1969) 6, S. 211.

II. DIE AUSSAGE DER AMTLICH VERÖFFENTLICHTEN BODENPREISSTATISTIK

Das städtische Bodenpreisproblem ist nicht erst eine Nachkriegserscheinung, sondern ein lang andauernder Prozeß, der seinen Ursprung zu Beginn der Industrialisierung hat. Obgleich die Bodenpreisentwicklung auch schon vor dieser Zeit das Interesse der Öffentlichkeit erregte, begann die amtliche Statistik erst kurz vor der letzten Jahrhundertwende ihr Augenmerk auf die Entwicklung derselben zu richten.

Mit Hilfe von Durchschnittswerten in der Form arithmetischer Mittel wird die Preisentwicklung auf dem Bodenmarkt in einheitlichen Sequenzen meist nach Jahren aufgezeigt. Durchschnittspreise auf dem Bodenmarkt unterliegen aber in ganz besonders starkem Maße einer Problematik, die bei jeglicher Preisstatistik eine zentrale Rolle spielt, nämlich die qualitativen Unterschiede der Einzelmerkmale (Grundstücke), auf denen die Mittelwertberechnung basiert.

Bereits in den Anfängen der amtlichen Statistik wurden daher Unterschiede in Bezug auf das zu Grunde liegende Rechtsgeschäft berücksichtigt, z. B. Veräußerungen und Zwangsversteigerungen; dagegen erfolgte keine Unterscheidung bei der Art der Personen, zwischen denen das Rechtsgeschäft abgewickelt wurde. In Bezug auf die Qualität wurde lediglich in bebaute und unbebaute Besitzwechsel unterschieden.

Zu welch extremen Unterschieden jährliche Durchschnittspreise für Bauland bei konstanten Preisen, aber variabler Qualität führen können, zeigen folgende Beispiele:

Nach Inkrafttreten der Verordnung über das Verbot von Preiserhöhungen aus dem Jahre 1936 stiegen in München die Durchschnittspreise pro Quadratmeter für freiwillig veräußerte, unbebaute Grundstücke in den Jahren 1937 und 1938 von 3,32 RM auf 6,67 RM, was einer Steigerung von mehr als 100 % entspricht. Dagegen fielen in Hamburg im gleichen Zeitraum die Preise von 4,81 RM auf 2,30 RM, d. h. die Preise fielen um mehr als die Hälfte[1].

Anhand dieser simplen Beispiele wird zum ersten Mal deutlich, welch eminent wichtige Rolle die Qualitätsmerkmale bei der Preisgestaltung von Grundstücken besitzen. Erschließungsstand, Art und Maß der baulichen Nutzung sowie die Lage des Grundstücks sind bei der Preisbildung von ausschlaggebender Bedeutung. Im allgemeinen kann jedoch bei einer genügend großen Anzahl von Verkäufen pro Berichtszeitraum davon ausgegangen werden, daß der Einfluß der Faktoren untereinander auf die Dauer einem gewissen Ausgleich unterliegt, der es gestattet, mit Hilfe von Durchschnittswerten für einen begrenzten Zeitraum einen repräsentativen Trend herauszuarbeiten.

1. Die Grundbesitzwechselstatistik in den Statistischen Jahrbüchern deutscher Städte bzw. Gemeinden

Obgleich in der einschlägigen Literatur zum Thema Bodenpreisstatistik vielfach die Meinung vertreten wird, daß die Grundbesitzwechselstatistik des Statistischen Reichsamtes aus dem Jahre 1927 „in gewissem Sinne als erstes Beispiel einer Statistik der Grundstückspreise angesehen werden kann"[2], existierte bereits um die Jahrhundertwende eine detaillierte, aufbereitete Statistik über den Grundbesitzwechsel in Deutschen Städten, aufgegliedert nach Gemeindegrößenklassen, deren Quellen die Grundbücher und staatlichen Grund- und Gebäudesteuerkataster darstellten[3]. Die Statistik setzte sich aus zwei Teilen zusammen:

1. Grundbesitzwechsel im allgemeinen
2. Wechsel im Grundbesitz der Stadtgemeinden.

---

[1] Weitere Beispiele befinden sich in Tabelle 2, S. 13.

[2] Schuh, E.: Zu den Statistiken der Baupreise in Bayern — Preisindices für Bauwerke seit 1958, Baulandpreise ab 1962, in: Zeitschrift des Bayerischen Statistischen Landesamtes 102 (1970) 1, S. 15.

[3] Vgl. Stegemann, P.: Grundbesitzwechselstatistik, in: Allgemeines Statistisches Archiv, 13 (1921/22) 1/3, S. 355.

Innerhalb des Grundbesitzwechsels im allgemeinen, der nachfolgend im Vordergrund der Betrachtung stehen soll, wurde weiter untergliedert in freiwillig verkaufte und zwangsversteigerte, sowie bebaute und unbebaute Grundstücke; bei letzteren auch noch in Grundstücke mit und ohne Angabe des Kaufpreises. Ausgewiesen wurden die Zahl der Grundbesitzwechsel, die Fläche und der Kaufpreis [4].

Im Gegensatz zu fast allen übrigen Städten begann die Stadt München erst im Jahre 1927 mit der von der Statistik vorgesehenen Flächenausweisung. Seit 1896 wurden von dem im Jahre 1875 begründeten Statistischen Amt der Stadt München lediglich die jährlichen Besitzwechsel von bebauten und unbebauten Anwesen bzw. Liegenschaften, aufgegliedert nach Anzahl der Besitzwechsel und deren Gesamtwert, publiziert [5]. Die Veröffentlichung der umgesetzten Flächen seit 1927 ist wahrscheinlich auf die Vereinbarung aller damaligen städtischen statistischen Ämter zurückzuführen, seit dem 1. Januar 1927 eine einheitliche Grundbesitzwechselstatistik durch das Statistische Reichsamt herausbringen zu lassen [6].

Beim kommunalen Grundbesitzwechsel wurden die Flächen bereits vor der Jahrhundertwende in ar ausgewiesen. Die großen jährlichen Wertschwankungen auf der einen Seite und die Tatsache, daß die Städte bei ihren Transaktionen nicht ausschließlich nach erwerbswirtschaftlichen Prinzipien auf dem Grundstücksmarkt tätig werden, lassen es aber ratsam erscheinen, von einer Verwendung derselben zur Darstellung der Preisentwicklung auf dem Immobilienmarkt abzusehen. Auf Grund der vorliegenden Daten soll daher versucht werden, mit Hilfe der Preise pro Grundstück, wie sie sich aus allen Verkäufen (kommunale und private Besitzwechsel) ergeben, die Preisentwicklung auf dem Münchner Grundstücksmarkt mit dem anderer Städte vergleichbarer Größenordnung im Zeitraum 1896—1936 gegenüberzustellen, soweit das überlieferte Zahlenmaterial es gestattet (vgl. Tabelle 1, S. 12).

Zweifellos handelt es sich bei den Preisen pro Grundstück — im Gegensatz zu den Quadratmeterpreisen — nur um eine Hilfsgröße. Ein Vergleich der Kurven aus den 30er Jahren (vgl. Tabelle 1, S. 12 und Tabelle 2, S. 13) zeigt aber sehr deutlich, daß die generelle Preisentwicklung mit den Preisen pro Grundstück genauso eindeutig widergespiegelt wird wie mit den Preisen pro Quadratmeter.

Da es bei der Darstellung weniger darauf ankommt, die exakten Preise auf Mark und Pfennige zu verdeutlichen, sondern vielmehr auf den Trend der Preisentwicklung, wurde — wie bei der Analyse von Zeitreihen vielfach üblich — das Verfahren der gleitenden Mittelwerte [7] zur Anwendung gebracht, wobei immer 3 Jahreswerte zusammengefaßt werden vgl. Abb. 1, S. 14).

Im Gegensatz zur heutigen Preisentwicklung und jener vor 30 Jahren, verläuft der Preistrend in den ersten 20 Jahren des Jahrhunderts keineswegs so einheitlich wie erwartet. Dies findet unter anderem seine Erklärung in der gegenüber heute geringeren gesamtwirtschaftlichen Verflechtung. Während Frankfurt, Hamburg und Köln zunächst einen Preisanstieg unterschiedlicher Dauer zu verzeichnen haben, so ist die generell fallende Preistendenz für München — abgesehen von den Jahren 1905 bis 1908 — charakteristisch. Nach dieser Phase tritt aber früher oder später bei allen Städten ein Preisverfall ein, der seinen Tiefstpunkt in den unmittelbaren Kriegs- und Nachkriegsjahren haben dürfte. Bei dieser Entwicklung führt Frankfurt, welches bezeichnenderweise das geringste Preismaximum aufzuweisen hat, gefolgt von Köln mit dem zweitniedrigsten Preis; daran schließen sich München und Hamburg an. Bei der Hansestadt ist auch der ungewöhnlich rasche, durch die Nachkriegszeit bedingte Verfall des Geldwertes zu beobachten, der sich für die in der damaligen Zeit exorbitant hohen Grundstückspreise in den beginnenden 20-er Jahren äußert.

Für die Beurteilung der Münchner Situation bleibt festzuhalten, daß die Stadt bereits zur damaligen Zeit — im Vergleich zu anderen Städten — ein außerordentlich hohes Durchschnittspreisniveau be-

---

[4] Vgl. Neefe, M.: Gebiet, Bodennutzung und Grundbesitz im Jahre 1911, in: Statistisches Jahrbuch Deutscher Städte, Breslau 1914, S. 14.

[5] Vgl. Statistisches Amt der Stadt München: Statistisches Handbuch der Stadt München, Erste Ausgabe München 1928, Tab. 71, S. 70.

[6] Vgl. o. V.: Das Arbeitsgebiet des Statistischen Reichsamtes zu Beginn des Jahres 1927, in: Vierteljahreshefte zur Statistik des Deutschen Reiches, 36 (1927) 1, S. 53.

[7] Vgl. Kellerer, H.: Statistik, in: Handbuch der Wirtschaftswissenschaften, Bd. II, Volkswirtschaftslehre, 2. Aufl. Köln u. Opladen 1966, S. 419.

Tabelle 1

Die freiwillig verkauften * unbebauten Grundstücke mit Angabe des Kaufpreises in ausgewählten Städten 1896 - 1936

Jahr	Frankfurt				Hamburg**				Köln				München***			
	Fälle	Fläche	Kaufsumme	Preis/Grdst.	Fälle	Fläche	Kaufsumme	Preis/Grdst.	Fälle	Fläche	Kaufsumme	Preis/Grdst.	Fälle	Fläche	Kaufsumme	Preis/Grdst.
	Zahl	1000 qm	1000 Mark;RM	Mark;RM	Zahl	1000 qm	1000 Mark;RM	Mark;RM	Zahl	1000 qm	1000 Mark;RM	Mark;RM	Zahl	1000 qm	1000 Mark;RM	Mark;RM
1896	-	-	-	-	-	-	-	-	-	-	-	-	368	-	25 944	70 500
1897	-	-	-	-	-	-	-	-	-	-	-	-	806	-	46 990	58 300
1898	1 151	1 316,8	-	-	-	-	-	-	1 138	4 055,2	-	-	1 059	-	-	-
1899	1 340	747,0	-	-	-	-	-	-	898	4 534,9	-	-	1 153	-	-	-
1900	1 303	771,1	18 449	14 150	-	-	-	-	1 143	2 217,8	14 101	12 320	1 086	-	71 228	65 580
1901	1 269	801,2	21 420	16 880	-	-	-	-	1 301	1 372,3	12 286	9 440	577	-	29 427	51 000
1902	2 990	1 417,1	28 042	9 370	7	38,3	220	31 420	970	2 029,1	26 436	27 250	595	-	37 336	63 580
1903	1 656	968,3	36 960	22 310	388	489,3	8 220	21 200	932	1 927,9	29 993	32 180	479	-	22 605	47 190
1904	629	609,5	23 324	19 170	911	1 239,0	26 613	29 200	945	2 153,4	30 192	31 940	311	-	11 798	37 930
1905	861	1 341,5	43 287	50 270	1 203	2 178,6	34 248	28 500	1 151	2 882,9	41 430	35 990	279	-	11 750	42 110
1906	2 759	147,3	45 405	16 490	977	1 911,0	28 933	29 600	792	2 434,9	28 246	35 660	253	-	10 958	42 110
1907	1 217	1 058,3	19 391	15 930	726	1 072,3	24 127	33 200	515	1 238,9	16 655	32 330	262	-	14 734	56 230
1908	861	638,8	13 485	15 660	689	719,3	26 607	38 600	530	1 476,3	16 418	30 970	282	-	16 021	56 810
1909	434	620,7	13 017	29 990	1 088	2 096,6	37 026	34 000	736	1 852,2	20 159	27 380	412	-	19 367	47 000
1910	1 993	1 601,4	26 967	13 530	1 014	1 872,7	58 059	57 250	1 013	2 393,6	28 111	27 750	577	-	27 951	41 470
1911	1 569	1 404,6	21 304	13 570	692	1 149,6	36 367	52 530	1 535	2 034,7	26 916	17 530	674	-	29 264	43 410
1912	625	371,8	13 255	21 200	854	1 326,3	39 234	45 940	1 275	2 652,6	25 307	19 840	438	-	13 340	30 450
1913	-	-	-	-	619	1 863,8	24 192	39 080	-	-	-	-	410	-	11 972	29 200
1914	-	-	-	-	595	1 521,4	21 193	35 620	-	-	-	-	407	-	13 187	32 400
1915	-	-	-	-	213	231,7	4 097	19 240	-	-	-	-	124	-	3 906	31 500
1916	-	-	-	-	169	128,4	1 574	9 320	-	-	-	-	151	-	5 103	33 800
1917	-	-	-	-	64	103,1	1 515	23 680	-	-	-	-	359	-	10 805	30 100
1918	-	-	-	-	105	244,9	3 930	37 430	-	-	-	-	537	-	18 204	33 900
1919	-	-	-	-	231	521,1	7 707	33 370	-	-	-	-	784	-	18 189	23 200
1920	-	-	-	-	346	1 483,9	13 801	39 890	-	-	-	-	897	-	22 874	25 500
1921	-	-	-	-	518	1 135,4	28 237	54 520	-	-	-	-	1 506	-	37 198	24 700
1922	-	-	-	-	753	2 786,1	124 260	165 020	-	-	-	-	1 748	-	-	-
1923	-	-	-	-	724	2 859,8			-	-	-	-	1 889	-	-	-
1924	463	971,0	-	-	414	1 787,5	9 580	23 100	1 081	5 019,4	16 106	14 900	901	-	18 876	20 950
1925	542	2 308,1	-	-	525	2 074,7	11 646	22 200	931	1 091,3	14 953	16 100	938	-	21 521	22 940
1926	-	-	-	-	365	2 188,7	13 330	36 500	1 138	1 931,6	20 042	17 600	582	-	9 111	15 650
1927	520	1 140,6	10 237	19 700	681	1 952,4	25 957	38 100	1 408	2 073,0	25 906	18 400	911	2 121,8	16 294	17 890
1928	944	2 038,1	15 522	16 400	548	1 272,4	16 412	29 900	801	1 504,7	19 030	23 800	730	1 560,4	18 055	24 730
1929	657	1 217,1	10 261	15 600	523	1 080,3	23 325	44 600	840	1 633,3	17 085	20 300	606	624,0	17 927	29 580
1930	613	1 527,0	9 983	16 300	626	1 230,7	23 925	38 200	412	1 748,8	14 171	34 400	942	1 044,1	9 223	9 790
1931	603	641,3	4 612	7 600	331	623,7	13 120	39 600	345	1 258,1	5 338	15 500	621	942,0	6 432	10 360
1932	681	610,7	2 478	3 600	131	167,9	2 015	15 380	479	989,6	2 791	5 800	915	811,6	3 207	3 500
1933	751	745,3	3 024	4 000	154	170,5	1 588	10 300	815	1 443,2	3 668	4 500	1 197	1 678,8	4 959	4 140
1934	837	632,0	3 122	3 700	243	818,4	4 169	17 200	1 227	2 022,3	5 961	4 900	1 769	2 591,5	11 009	6 220
1935	1 408	1 359,2	5 000	3 600	583	1 271,1	7 962	13 700	1 197	2 741,4	8 834	7 400	1 835	2 523,8	13 330	7 260
1936	1 183	1 207,3	5 053	4 300	420	894,0	10 474	24 900	1 310	2 724,2	13 181	10 100	2 005	3 154,8	20 952	10 450

Quellen: Deutscher Städtetag; Statistisches Jahrbuch Deutscher Städte, 7. Jahrg. 1898 - 28. Jahrg. 1933
Deutscher Gemeindetag; Statistisches Jahrbuch Deutscher Gemeinden, 29. Jahrg. 1934 - 33. Jahrg. 1938

* einschließlich freiwillig versteigerbar, verschenkter und vertauschter Grundstücke
** 1903 - 1909; 1913 - 1923; berechnet nach Matti, W.; Hamburger Grundeigentumswechsel und Baulandpreise, in: Hamburg in Zahlen, 1963, Sonderheft 1, S. 8
*** 1896 - 1899; 1913 - 1923; vgl. Statistisches Amt der Stadt München; Statistisches Handbuch der Stadt München, München 1928, S. 70

Tabelle 2

Die freiwilligen Veräußerungen unbebauter Grundstücke in ausgewählten Städten von 1927 - 1938

Jahr	Essen				Frankfurt				Hamburg				Köln			
	Fälle	Fläche	Kaufsumme	Preis	Fälle	Fläche	Kaufsumme	Preis	Fälle	Fläche	Kaufsumme	Preis	Fälle	Fläche	Kaufsumme	Preis
	Zahl	1000 qm	1000 RM	RM/qm	Zahl	1000 qm	1000 RM	RM/qm	Zahl	1000 qm	1000 RM	RM/qm	Zahl	1000 qm	1000 RM	RM/qm
1927	481	808	-	-	521	1 438	-	-	529	2 235	-	-	1 293	2 082	-	-
1928	548	866	-	-	1 022	1 901	-	-	523	1 434	-	-	808	1 518	-	-
1929	465	747	6 200	8,30	871	1 858	12 913	6,95	330	906	26 295	29,02	845	1 641	17 202	10,48
1930	388	551	3 990	7,24	681	2 055	11 524	5,61	314	676	23 461	34,71	425	1 774	14 312	8,07
1931	371	543	3 249	5,98	649	7 093	5 159	0,73	190	288	4 464	15,50	365	1 299	5 446	4,19
1932	254	362	1 512	4,18	671	747	2 874	3,85	118	174	1 342	7,71	500	1 024	2 956	2,89
1933	194	392	1 037	2,65	799	811	3 148	3,88	123	181	1 571	8,68	826	1 467	3 728	2,54
1934	140	205	348	1,70	819	623	3 051	4,90	201	475	4 888	10,29	1 255	2 131	6 259	2,94
1935	244	256	1 211	4,73	1 166	1 163	4 194	3,61	445	1 806	9 980	5,53	1 239	2 946	9 505	3,23
1936	1 051	1 021	5 638	5,52	1 206	1 211	5 237	4,32	434	974	10 809	11,10	1 348	2 777	13 881	5,00
1937	720	1 515	7 265	4,80	1 202	1 773	5 019	2,83	409	2 234	10 737	4,81	1 180	4 507	11 528	2,56
1938	581	2 161	5 977	2,77	1 025	2 379	5 389	2,26	2 081	9 369	21 540	2,30	1 042	2 247	9 741	4,34

Jahr	München				Stuttgart				Nürnberg			
	Fälle	Fläche	Kaufsumme	Preis	Fälle	Fläche	Kaufsumme	Preis	Fälle	Fläche	Kaufsumme	Preis
	Zahl	1000 qm	1000 RM	RM/qm	Zahl	1000 qm	1000 RM	RM/qm	Zahl	1000 qm	1000 RM	RM/qm
1927	934	2 212	-	-	1 609	1 026	-	-	672	2 474	-	-
1928	753	1 601	-	-	1 366	998	-	-	762	1 611	-	-
1929	618	664	18 372	27,67	1 305	932	12 208	13,10	396	1 048	8 074	7,70
1930	980	1 722	10 454	6,07	1 078	746	9 561	12,82	389	539	4 881	9,05
1931	636	976	6 647	6,81	904	715	7 681	10,74	325	576	2 364	4,10
1932	955	927	3 580	3,86	1 361	832	6 842	8,22	415	716	1 943	2,71
1933	1 278	1 923	5 560	2,89	2 276	1 320	9 809	7,43	565	428	2 429	5,67
1934	1 829	2 744	11 735	4,28	1 561	1 254	8 283	6,61	519	891	3 386	3,80
1935	1 894	2 788	13 919	4,99	2 046	1 350	11 706	8,67	600	568	2 499	4,39
1936	2 056	3 356	21 954	6,54	1 273	909	8 197	9,02	773	960	4 465	4,65
1937	1 927	6 128	20 344	3,32	1 874	1 480	10 273	6,94	684	917	5 220	5,69
1938	1 991	4 455	29 723	6,67	2 039	1 575	12 178	7,73	493	998	6 649	6,66

Quellen: Statistische Jahrbücher für das Deutsche Reich 1929 - 1940

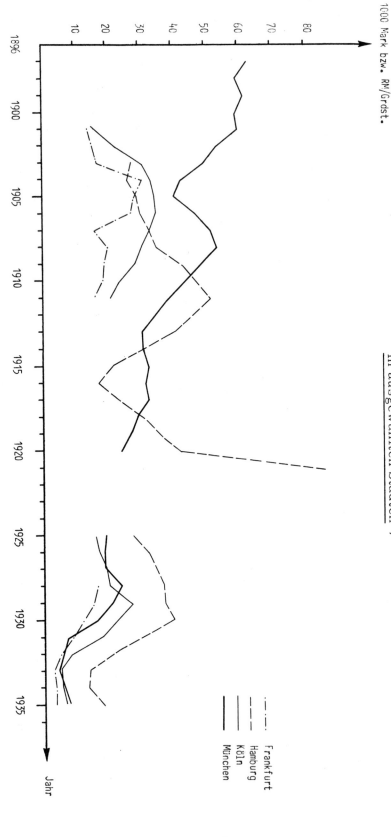

Abb: 1 Die Preise für freiwillig veräußerte unbebaute Grundstücke in ausgewählten Städten[1]

1) Gleitende Dreijahres Mittelwerte
Quellen: Vgl. Tab. 1

saß. Daß es sich dabei nicht um eine zufällige Erscheinung gehandelt haben kann, zeigt die sehr konstante Entwicklung in den Jahren 1897—1901.
Ganz anders präsentiert sich das Bild nach der Inflation. Die Entwicklung ist zunächst durch eine einheitliche Preissteigerung gekennzeichnet, die dann gegen Ende der 20-er Jahre zu einem regelrechten Preissturz führt. Die Jahre 1933—1934 deuten eine allmählich einsetzende Konsolidierung an.

Typisch für die zuletzt dargestellte Phase ist der Einklang in der gemeinsamen Entwicklung der Städte, dessen Ursachen ohne Zweifel auf die wirtschaftlichen und politischen Verhältnisse zurückzuführen sind. Beim Vergleich beider Zeitperioden fällt auf, daß der Preisverfall generell bei den Städten mit niedrigem Durchschnittspreisniveau zuerst einsetzt, während Städte mit höheren Grundstückswerten erst mit einem gewissen time-lag nachziehen.

2. Die Grundbesitzwechselstatistik in den Statistischen Jahrbüchern für das Deutsche Reich

Wie den Ausführungen des Kapitels 1. bereits zu entnehmen ist, wurden seit dem Jahre 1927 auch für München die umgesetzten Flächen ausgewiesen[8]. In den Berichtsjahren 1927 und 1928 erfolgte zunächst nur eine Ausweisung der Fälle und Flächen, seit dem Berichtsjahr 1929 wurden auch die Kaufsummen veröffentlicht, was eine direkte Quadratmeterpreisberechnung ermöglichte.
Neben den Vorteil der Flächenausweisung trat eine weitere Differenzierung des Datenmaterials gegenüber der Städtetagsstatistik. Zusätzlich zu den in Kapitel 1. aufgeführten Kriterien wurde generell zwischen Veräußerungen und Erwerbungen unterschieden sowie hinsichtlich der Käufer und Verkäufer in natürliche, im Inland lebende Personen, und juristische Personen ohne Ansehen des Wohnsitzes.
Die Grundbesitzwechselstatistik des Statistischen Reichsamtes gestattete über ein Jahrzehnt das Aufzeigen des durchschnittlichen Preisverlaufs in der Stadt München in Gegenüberstellung zum Preisverlauf anderer Großstädte. Bedauerlicherweise entfiel mit der Verordnung über das Verbot von Preiserhöhungen vom 25. November 1936[9] die statistische Materialbasis, was dazu führte, daß die Statistik nur noch 2 Jahre nach Inkrafttreten der Verordnung weitergeführt wurde.
Häufig wurde die Heterogenität hinsichtlich der Qualitätsmerkmale der Grundstücke in den einzelnen Jahren dafür verantwortlich gemacht, daß auf Grund der jährlichen starken Schwankungen

„die Durchschnittspreise kaum die reine Preisentwicklung widerspiegeln können"[10].
Wenn man unter reiner Preisentwicklung den genauen, auf Mark und Pfennig exakten Wert versteht, der in den jeweiligen Berichtsjahren ermittelt wurde, so ist dieser Einwand berechtigt. Dessen ungeachtet gestatten Zeitreihen aus statistischen Durchschnittswerten aber sehr wohl die Beantwortung von Fragen, bei denen es weniger auf den exakten Wert als auf den durch die Verknüpfung der Werte aufgezeigten Trend ankommt. Dieser Trend, der sich bereits bei den vier Städten mit den Grundstückspreisen sehr klar herauskristallisierte, wird von der zeitlichen Entwicklung der Quadratmeterpreise in allen sieben Vergleichsstädten bestätigt[11]. Nach einem gemeinsamen Preisverfall in allen sieben Städten tritt eine bezüglich der generellen Preisentwicklung damaliger Tage typische Beruhigung ein. Während Hamburg und Stuttgart zunächst ein relativ hohes Preisniveau halten können, unterscheiden sich Essen, Frankfurt, München, Nürnberg und Köln kaum voneinander. Die um die Jahrhundertwende existierende preisliche Spitzenposition ist im Verlauf dreier Dezennien nicht mehr nachweisbar.
Besonders interessant vor dem Hintergrund der damaligen Bodenpolitik ist die bemerkenswerte Tatsache, daß um das Stichjahr 1936 — zumindest in den angeführten Vergleichsstädten — kein nennenswerter Bodenpreisanstieg zu verzeichnen ist. Mit der erwähnten Preisstopverordnung aus

---

[8] Vgl. Vierteljahreshefte zur Statistik des Deutschen Reichs 1928—1930. Statistisches Jahrbuch für das Deutsche Reich 1929—1940.
[9] Vgl. RGBl I, S. 955.
[10] Schuh, E.: Zu den Statistiken der Baupreise in Bayern, a. a. O., S. 15.
[11] Vgl. Tab. 2, S. 13 bzw. Abb. 2, S. 17.

dem Jahre 1936 wurden also nicht hohe Bodenpreise reduziert, sondern das seit Jahren niedrigste Preisniveau wurde offiziell eingefroren. Diese Erkenntnis gewinnt für die Preisentwicklung der Nachkriegszeit eine zentrale Bedeutung, weil alle seit Ende des 2. Weltkrieges veröffentlichten Preissteigerungsraten, die sich auf den Anfang der 50-er Jahre beziehen, in irgendeiner Form auf die Stoppreise aus dem Jahre 1936 zurückzuführen sind und die inzwischen stattgefundene Steigerung eigentlich nicht korrekt wiedergeben. Insofern werden alle Zeitreihen mit der Basis 1950 von vornherein mit einer gewissen Problematik beladen sein.

3. Die Baulandpreisstatistik seit Inkrafttreten des Bundesbaugesetzes

Mit der Verordnung über das Verbot von Preiserhöhungen vom 26. November 1936 war zunächst für viele Jahre das Ende der amtlichen Baulandpreisstatistik besiegelt. Selbst für die Nachkriegszeit hatte diese Verordnung noch eine beschränkte Gültigkeit [12]. Allerdings häuften sich im Schatten des raschen wirtschaftlichen Aufschwungs der Nachkriegszeit die Fälle von Umgehungen bezüglich der Preisstopvorschriften. Die Unterverbriefung, d. h. die notarielle Beurkundung des amtlich fixierten Preises bei gleichzeitiger stillschweigender Übereinkunft von Käufer und Verkäufer, die Differenz zum realen Wert nachzuschießen, wurde zur Regel. Mit dem Inkrafttreten des Bundesbaugesetzes am 29. Oktober 1960 ist der Ära des Preisstops ein Ende gesetzt [13]. Gleichzeitig ist damit die Basis für eine bundesweite und in allen Teilen des Landes einheitliche Baulandpreisstatistik geschaffen worden. Bereits im Jahre 1962 erschien die erste Veröffentlichung auf Bundesebene [14].

Auf Grund der bei den Finanzämtern für die Statistischen Landesämter erstellten Erhebungsbogen wird jedes durch Kauf erworbene, *unbebaute* Grundstück innerhalb des Baugebietes einer Gemeinde, dessen Kaufwert mehr als 200.— DM beträgt, erfaßt [15]. Im Gegensatz zur Statistik vor dem 2. Weltkrieg werden bebaute Grundstücke nicht mehr in die Erhebung einbezogen. Daneben weist die Statistik, im Gegensatz zur Grundbesitzwechselstatistik des deutschen Städtetages, nicht die durch Tausch, Schenkung oder Vererbung übereigneten Flächen aus.

Durch diese Erläuterungen wird deutlich, weshalb man heute von Baulandpreisstatistik und nicht wie früher von Grundbesitzwechselstatistik spricht.

Im Gegensatz zur Statistik der 30-er Jahre ist aber die Baulandpreisstatistik wesentlich tiefer gegliedert, was die Baulandarten betrifft. Während damals unbebautes Land ohne Rücksicht auf seine Zweckbestimmung ausgewiesen wurde, unterscheidet man heute: baureifes Land, Rohbauland und sonstige Baulandarten, worunter Industrieflächen, Land für Verkehrszwecke und Freiflächen fallen. Daneben werden insbesondere Lageunterschiede im Baugebiet der Gemeinde berücksichtigt [16].

a) Die Preisentwicklung für baureifes Land in der Stadt München im Vergleich mit anderen Großstädten der BRD

Während bei den bisherigen Preisstatistiken unbebaute Flächen jeglicher Qualitäts- bzw. Erschließungsmerkmale zusammengefaßt waren, gestattete die Baulandpreisstatistik Preisvergleiche von unbebauten Flächen mit für den jeweiligen Erschließungsgrad oder Verwendungszweck ein-

---

[12] Vgl. §§ 2, 3 des Preisgesetzes vom 10. April 1948, in: Gesetz und Verordnungsblatt des Wirtschaftsrates des Vereinigten Wirtschaftsgebietes, S. 27.

[13] Vgl. § 185 BBauG vom 23. Juni 1960, BGBl I, S. 341.

[14] Vgl. Keller, J.: Die neue Statistik der Baulandpreise — Ergebnisse für das 2. Halbjahr 1961, in: Wirtschaft und Statistik (1962) 8, S. 457—459.

[15] Vgl. o. V.: Baulandpreise in Bayern 1965 und 1966 (nach Regierungsbezirken, Kreisen und ausgewählten Gemeinden), in: Statistische Berichte des Bayerischen Statistischen Landesamtes M I 6 / S — 66, S. 3.

[16] Zur weiteren Information sei auf die einschlägigen laufenden Veröffentlichungen des Statistischen Bundesamtes und des Bayerischen Statistischen Landesamtes verwiesen:
 a) Statistisches Bundesamt: Preise, Löhne, Wirtschaftsrechnungen — Fachserie M — Reihe 5/II; Baulandpreise, Preise und Preisindices für Bauwerke und Bauland.
 b) Bayerisches Statistisches Landesamt: Baulandpreise in Bayern, in: Statistische Berichte, Kennziffer M I 6 vj.

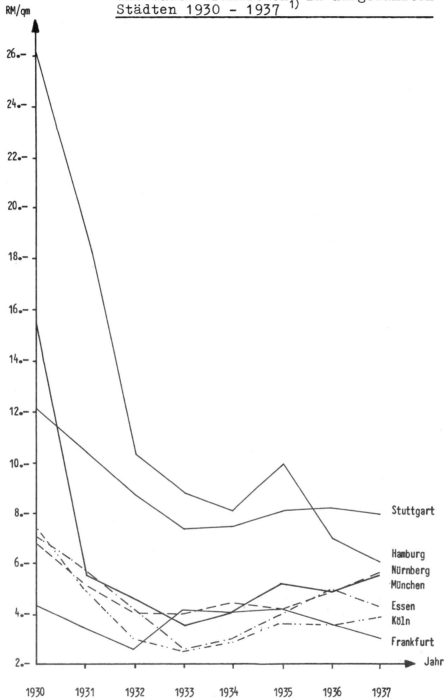

Abb: 2 Die Preise für freiwillig veräußerte unbebaute Grundstücke in ausgewählten Städten 1930 - 1937 [1]

1) Gleitende Dreijahres Mittelwerte
   Quellen: Statistisches Reichsamt: Statistische Jahrbücher für das Deutsche Reich 1929-1940

heitlichen Qualitätsmerkmalen. Unter den für einen mehrjährigen Zeitvergleich zur Auswahl stehenden Baulandarten erscheint das baureife Land [17] am geeignetsten, weil es am ehesten eindeutig abgegrenzt werden kann, was zur Konsequenz hat, daß die jährlichen Preisunterschiede in den Zeitreihen nicht mehr durch den Erschließungsstand der Flächen beeinflußt werden können.

Generell ist die Preisentwicklung der 60-er Jahre durch einen starken Preisauftrieb in fast allen Wirtschaftsbereichen gekennzeichnet. Diese Feststellung gilt nicht nur für Konsumgüter, sondern auch für Investitionsgüter, m. a. W.: für Bauland.

Tabelle 3, S. 19 stellt die vorangestellte Behauptung unter Beweis. Alle Städte vergleichbarer Größenordnung sind durch einen mehr oder weniger starken Preisanstieg für baureifes Land gekennzeichnet, wobei München und Stuttgart zu Beginn als auch am Ende der Zeitperiode die absolute Spitzenposition innehaben, wohingegen Dortmund in fast allen Jahren die niedrigsten Preise zu verzeichnen hat. In der absoluten Preishöhe der einzelnen Jahre kommt ebenso wie beim Preisanstieg ein „Preisgefälle" unter den Städten zum Ausdruck, wie es SCHÖLLER für Düsseldorf, Essen und Dortmund festgestellt hat [18], und wie es in den Preisen für baureifes Land deutlich hervortritt.

Der allgemein zu verzeichnende Preisanstieg darf jedoch nicht darüber hinwegtäuschen, daß die Zeitreihen relativ starke Schwankungen aufzuweisen haben, die zwar nicht durch den Erschließungsstand, sondern durch die Lage innerhalb des Stadtgebietes und/oder das unterschiedliche Nutzungsmaß der Grundstücke hervorgerufen werden können. Um den Trend zu verdeutlichen, wurde zunächst — in Analogie zu den Preisvergleichen der vorangegangenen Epochen — das Verfahren der gleitenden Mittelwerte in Anwendung gebracht, wobei 3 Jahreswerte zusammengefaßt wurden. Der Vorteil der Glättung bei weitgehender Ausschaltung von extremen Schwankungen führt bei Zeitreihen allerdings zum Verlust der jeweiligen Randwerte der Reihe. Deutlicher als bei den Ursprungswerten tritt der Trend des Preisanstiegs bei allen Städten in den Vordergrund. Dieser Trend ist so eindeutig ausgeprägt, daß die Berechnung des Trends durch eine Gerade in hohem Maße gerechtfertigt erscheint, zumal es dann möglich wird, den durchschnittlichen Preisanstieg pro Jahr in Form von $tg\alpha$, also der Steigung der Trendgeraden, zu beziffern.

Nunmehr lassen sich die 11 Großstädte der BRD in ein eindeutiges hierarchisches System [19] in Bezug auf den durchschnittlichen Preisanstieg bei baureifem Land einordnen (vgl. Abb. 3, S. 20). Dabei führt München mit einem durchschnittlichen Preisanstieg von 24,59 DM, gefolgt von Stuttgart mit 21,57 DM und Köln mit 12,87 DM; den geringsten Preisanstieg weisen Dortmund mit 3,53 DM und Hannover mit 3,52 DM auf. Deutlicher als bei den ursprünglichen Zeitreihen treten die Spitzenpositionen von München und Stuttgart hervor. Der Preisanstieg bei ihnen ist fast doppelt so groß wie der der Stadt Köln, die sich an dritter Stelle befindet. Darüberhinaus lassen sich z. B. die Feststellungen treffen, daß der Preisanstieg von München fast sieben mal stärker ist als in Dortmund und Hannover oder gut zweieinhalb mal stärker als in Hamburg.

Die unterschiedlichen absoluten Preissteigerungsquoten haben im Verlauf der 60-er Jahre, wenn man von der Entwicklung in München und Stuttgart absieht, bei einigen Städten zu einer deutlich sichtbaren Verschiebung in der Rangfolge bezüglich der absoluten Preishöhe geführt. So weisen insbesondere Köln, Essen, Hamburg und Bremen einen stärkeren Preisanstieg gegenüber Düsseldorf, Frankfurt, Hannover und Dortmund auf. Es liegt daher der Gedankengang nahe, diese Tatsache

---

[17] Zur Definition der Baulandarten vgl.: Statistisches Bundesamt, Wiesbaden, Fachserie M; Preise, Löhne, Wirtschaftsrechnungen, Reihe 5; Preise und Preisindices für Bauwerke und Bauland; II. Baulandpreise 1971, S. 5. Hierin wird baureifes Land wie folgt abgegrenzt:
„Zum baureifen Land gehören Grundstücke oder Grundstücksteile, die von der Gemeinde für die Bebauung vorgesehen sind, bei denen die baurechtlichen Voraussetzungen für die Bebauung vorliegen und deren Erschließungsgrad die sofortige Bebauung gestattet. Es liegt im allgemeinen an endgültig oder vorläufig ausgebauten Straßen und ist in der Regel bereits in passende Bauparzellen eingeteilt. Es fallen hierunter in erster Linie Baulücken und der städtebautechnisch aufgeschlossene Grundbesitz, der mitunter nur eine geringe oder keine Bebauung zeigt. Auf die Größe des Grundstücks kommt es nicht an. Auch ein Trenngrundstück ist baureifes Land, wenn es durch Hinzunahme eines Nachbargrundstückes bebaut werden kann."

[18] Schöller, P.: Die deutschen Städte, Erdkundliches Wissen (1967) 17, S. 91.

[19] Die Rangfolge bezüglich des Preisanstiegs in Tabelle 3, S. 19, fällt von links nach rechts.

Tabelle 3 Die Preise für baureifes Land in Städten mit über 500 000 Einwohnern 1962 - 1970

Jahr	München Preis; DM/qm abs.	München Gleit. Mittelw.	München Meß-zahl	Stuttgart Preis; DM/qm abs.	Stuttgart Gleit. Mittelw.	Stuttgart Meß-zahl	Köln Preis; DM/qm abs.	Köln Gleit. Mittelw.	Köln Meß-zahl	Essen Preis; DM/qm abs.	Essen Gleit. Mittelw.	Essen Meß-zahl	Hamburg Preis; DM/qm abs.	Hamburg Gleit. Mittelw.	Hamburg Meß-zahl	Bremen Preis; DM/qm abs.	Bremen Gleit. Mittelw.	Bremen Meß-zahl
1962	48,30	–	–	–	–	–	–	–	–	–	–	–	–	–	–	–	–	–
1963	79,90	73,73	–	–	–	–	–	–	–	–	–	–	–	–	–	–	–	–
1964	93,00	100,16	–	103,99	–	–	57,68	–	–	46,84	–	–	39,43	–	–	42,95	–	–
1965	127,59	109,98	100	100,16	113,50	100	54,51	52,37	100	37,12	51,10	100	46,75	46,90	100	61,39	53,09	100
1966	109,36	121,96	111	136,35	135,18	119	34,94	59,33	113	69,35	57,13	112	54,54	51,14	109	54,95	61,17	115
1967	128,95	129,89	118	169,04	168,38	148	78,55	66,32	127	64,92	68,39	134	52,13	61,75	132	67,19	60,12	113
1968	151,37	202,72	184	199,75	185,31	163	85,48	82,20	157	72,54	77,84	152	78,58	70,35	150	58,22	75,79	143
1969	273,84	288,27	207	187,16	196,30	173	82,58	105,32	201	96,09	91,59	179	80,35	84,69	181	101,97	78,96	148
1970	259,60	–	–	201,99	–	–	147,92	–	–	106,14	–	–	95,15	–	–	76,70	–	–

Jahr	Frankfurt Preis; DM/qm abs.	Frankfurt Gleit. Mittelw.	Frankfurt Meß-zahl	Düsseldorf Preis; DM/qm abs.	Düsseldorf Gleit. Mittelw.	Düsseldorf Meß-zahl	Berlin Preis; DM/qm abs.	Berlin Gleit. Mittelw.	Berlin Meß-zahl	Dortmund Preis; DM/qm abs.	Dortmund Gleit. Mittelw.	Dortmund Meß-zahl	Hannover Preis; DM/qm abs.	Hannover Gleit. Mittelw.	Hannover Meß-zahl
1962	–	–	–	–	–	–	–	–	–	–	–	–	–	–	–
1963	–	–	–	–	–	–	–	–	–	–	–	–	–	–	–
1964	85,64	–	–	83,00	–	–	–	–	–	46,29	–	–	40,50	–	–
1965	46,57	81,86	100	92,93	92,51	100	71,57	–	–	38,23	38,19	100	61,29	60,48	100
1966	113,38	75,59	92	101,61	99,19	107	64,38	70,46	–	30,07	37,64	98	79,65	68,89	114
1967	66,83	92,83	113	103,05	106,21	115	75,45	71,30	–	44,63	48,68	127	65,74	70,35	116
1968	98,28	91,17	111	113,97	103,90	112	74,07	80,71	–	71,36	48,91	128	65,68	72,65	120
1969	108,42	104,47	128	84,68	118,55	128	92,63	82,58	–	30,74	50,25	132	86,54	76,23	126
1970	106,73	–	–	147,02	–	–	81,04	–	–	48,65	–	–	76,49	–	–

Preissteigerungsquote																			
München		Stuttgart		Köln		Essen		Hamburg		Bremen		Frankfurt		Düsseldorf		Berlin		Dortmund	Hannover
abs.	rel.	abs.	rel.	abs.	rel.	abs.	rel.	abs.	rel.	abs.	rel.	abs.	rel.	abs.	rel.	abs.	rel.	abs. rel.	abs. rel.
24,59	28,7	21,57	19,0	12,87	24,6	10,16	19,8	9,47	20,3	6,63	12,4	6,08	7,5	5,67	6,1	4,57	–	3,53 9,4	3,52 5,8

Quellen: Statistisches Bundesamt; Statistisches Jahrbuch für die Bundesrepublik Deutschland, Wiesbaden 1966 - 1972
Schuh, E.; Zu den Statistiken der Baupreise in Bayern, Preisindices für Bauwerke seit 1958, Baulandpreise ab 1962, in: Zeitschrift des Bayerischen Statistischen Landesamtes 102 (1970) 1, S. 38

Abb: 3 Die absolute Preissteigerungsquote für baureifes Land in Städten mit mehr als 500 000 Einwohnern 1963 bzw. 1965 - 1969 *

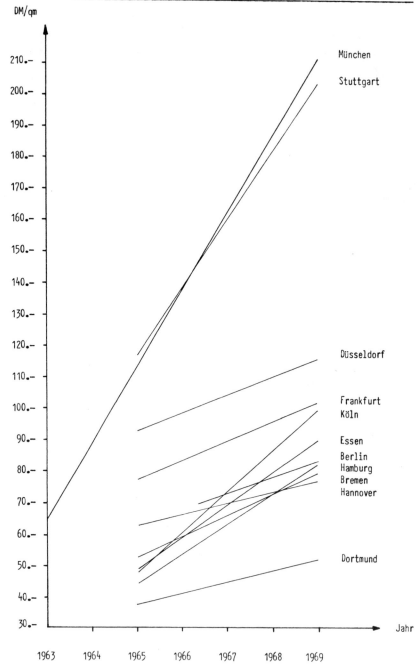

*) Berechnet nach: Statistisches Bundesamt: Statistisches Jahrbuch für die Bundesrepublik Deutschland, Wiesbaden 1966–1972
Schuh, E.: Zu den Statistiken der Baupreise in Bayern, Preisindices für Bauwerke seit 1958, Baulandpreise ab 1962, in: Zeitschrift des Bayerischen Statistischen Landesamtes 102 (1970) 1, S. 38

durch die Verwendung von Meßzahlen[20] hervorzuheben[21].

Um die größten Schwankungen auszugleichen, wurden zur Berechnung der Meßzahlen wieder die gleitenden Mittelwerte herangezogen (vgl. Tabelle 3, S. 19).

Die Stadt München steht auch bei den Meßzahlen im Jahre 1969 an der Spitze aller übrigen Städte. Die Städte Hannover und Dortmund bilden nach wie vor das Ende. Allerdings haben sich in den unmittelbar an München angrenzenden Rangfolgepositionen starke Veränderungen ergeben. Köln, Hamburg und Essen haben sich vor Stuttgart geschoben, was nun erst an fünfter Position erscheint. Dortmund, bei den absoluten Preisen an vorletzter Stelle, ist weit nach vorne gerückt.

Die Verhältniszahlen bildeten das Ausgangsmaterial für die Berechnung eines linearen Trends, welcher in Abb. 4, S. 32 zur Darstellung gebracht wird. Die Steigerung der Trendgeraden ($tg\alpha$) gibt hierbei die durchschnittliche relative Preissteigerung in den Jahren 1965—1969 an. Im Vergleich mit den übrigen Städten liegt München mit einer jährlichen relativen Preissteigerung von 28,7 % im Untersuchungszeitraum an der Spitze, während Hannover mit 5,8 % den geringsten Anstieg zu verzeichnen hat.

München und Stuttgart weisen bei der absoluten Preissteigerung eine fast doppelt so hohe Quote wie alle übrigen Städte auf. Sie nehmen damit eindeutig eine Sonderstellung unter den Großstädten ein. Die Situation hat sich bei der relativen Preissteigerungsquote grundlegend geändert. Die Hälfte aller Städte (ohne Berlin) weist eine jährliche Preissteigerung von 19 und mehr Prozent auf, während die andere Hälfte unter 12 % liegt.

Die Zahlen dokumentieren mit großer Klarheit die extreme Preisentwicklung für baureifes Land in München. Sie ist unter den deutschen Großstädten diejenige, die sowohl den höchsten absoluten Preisanstieg als auch den höchsten relativen Preisanstieg zu verzeichnen hat.

Die Ergebnisse der statistischen Preisanalyse werfen jedoch die Frage auf: Wie kommt es zu dieser durch die absoluten Preise zum Ausdruck gebrachten hohen Bewertung von München und Stuttgart?

Ein gewisser Teil läßt sich auf das vorhandene Süd-Nordgefälle bei den Baulandpreisen zurückführen. Die beherrschende Spitzenposition Münchens, wie sie sich beispielsweise auch in der Bevölkerungsentwicklung der vergangenen Jahre bei fast völliger Stagnation oder gar Rückläufigkeit der übrigen Städte zeigte, ist damit jedoch nur unbefriedigend erklärt[22].

München zeichnet sich gegenüber den übrigen Städten durch keine überdurchschnittliche Zentralitäts- oder Industriefunktion im Sinne SCHÖLLERS[23] aus. In Bezug auf das Beschäftigungsverhältnis lassen sich München, Hamburg, Köln, Frankfurt und Bremen als Städte klassifizieren, in denen die Handelsfunktion dominiert. In Stuttgart und Dortmund hingegen herrscht die Eisen- und Metallindustrie vor. Die Zuordnung von in den einzelnen Städten dominierenden Funktionen ließe sich beliebig fortsetzen, würde aber letztlich zu keiner umfassenden Beantwortung der gestellten Frage führen. Ähnlich würde es sich mit der Heranziehung des Bruttosozialprodukts oder ver-

---

[20] Vgl. Kellerer, H., a. a. O., S. 412.

[21] Das Statistische Bundesamt formuliert seine Skepsis gegenüber prozentualen Veränderungen wie folgt: „Die ausgewiesenen Durchschnittspreise sind für einen *zeitlichen Vergleich* jedoch nur bedingt verwendbar, weil die statistischen Massen, aus denen sie ermittelt werden, sich in jedem Vierteljahr bzw. Jahr aus anders gearteten Einzelfällen zusammensetzen können. Die Statistik der Baulandpreise hat daher mehr den Charakter einer Grundeigentumswechselstatistik als den einer echten Preisstatistik. Aus diesem Grund werden auch keine prozentualen Veränderungen veröffentlicht." In: Preise, Löhne, Wirtschaftsrechnungen, Reihe 5; Preise und Preisindices für Bauwerke und Bauland; II. Baulandpreise 1969, S. 93.

Obgleich die generellen Bedenken des Statistischen Bundesamtes sicher zu Recht bestehen, unterscheiden sich die Probleme dieser Abhandlung doch wesentlich von denen des Bundesamtes. Die hohe Anzahl der jährlichen städtischen Veräußerungsfälle sowie die Tatsache, daß es sich bei dem Vergleich ausschließlich um Großstädte handelt, d. h. um eine bezüglich der Einwohnergrößenklasse in sich homogene Gruppe, die darüberhinaus durch einen eindeutigen Trend charakterisiert ist, lassen die Anwendung von Meßzahlen trotz aller Vorbehalte gerechtfertigt erscheinen.

[22] Vgl. Dheus, E.: Die Olympiastadt München — Entwicklung und Struktur, in: Münchner Statistik (1971) Sonderheft, S. 4.

[23] Vgl. Schöller, P.: a. a. O., S. 17.

Abb: 4   Die relative Preissteigerungsquote für baureifes Land in Städten mit mehr als 500 000
Einwohnern 1965 - 1969 *

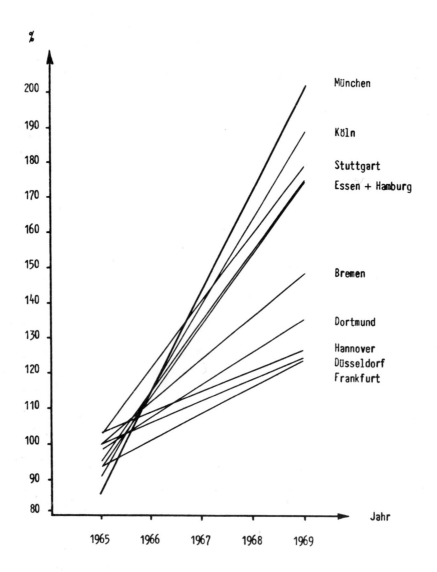

*) Berechnet nach: Statistisches Bundesamt: Statistisches Jahrbuch für die Bundes-
republik Deutschland, Wiesbaden 1966-1972

gleichbarer wirtschaftlich relevanter Größen verhalten.

Grundsätzlich kann lediglich davon ausgegangen werden, daß mit steigender Zentralität eines Ortes auch die Preise für Bauland steigen und umgekehrt. Ungeklärt bleibt aber die Frage, wie es zu der starken Preisdifferenzierung unter den der höchsten Zentralitätsstufe angehörenden Orten kommt.

Die Sonderstellung Stuttgarts läßt sich im Gegensatz zu München, wo noch 16,4 % der Stadtgebietsfläche von 31 055 ha [24] der land- und forstwirtschaftlichen Nutzung unterliegen, damit begründen, daß Stuttgart wesentlich dichter besiedelt ist als München. Da der Knappheitsgrad des Bodens den Preis wesentlich bestimmt, ist darin einer der entscheidenden Faktoren für die Stuttgarter Situation zu erblicken.

Ähnlich wie Wanderungssalden sind Bodenpreise bzw. deren Steigerungsraten Indikatoren der räumlichen Präferenz, die sich aus Lagevorteilen der unterschiedlichsten Art herleiten lassen. Anhand des innerstädtischen Bodenpreisgefüges ist dieser Umstand häufig beschrieben worden; Lagevorteile für den Handel an wichtigen Verkehrsknotenpunkten können z. B. zu Wertsprüngen von mehreren 100.— DM bis zur nächsten Seitenstraße führen.

Derartige wertbeeinflussende Lagevorteile existieren nicht nur in den Städten, sondern auch zwischen denselben. Während jedoch die Lagevorteile für den Handel in ökonomischen Größen wie Umsatz oder Gewinn quantifiziert werden können, entzieht sich die Attraktivität eines Raumes, einer Stadt zunächst der direkten Bewertung und kann nur subsidiär, beispielsweise durch Wanderungssalden oder Bodenpreissteigerungsraten, erfaßt werden.

Generell wird davon ausgegangen werden können, daß sich die Lagevorteile der Stadt München auf Grund der physisch vorgegebenen Situation nicht wesentlich verändert haben. Was sich hingegen gewandelt hat, ist die Bewertung dieser Lagefaktoren durch die Menschen bzw. deren Gruppen. Angesichts einer seit zwanzig Jahren andauernden wirtschaftlichen Prosperität, in Verbindung mit einer zunehmenden Arbeitszeitverkürzung bei gleichzeitigem Anstieg des Realeinkommens aller Bevölkerungsschichten, haben sich die Grunddaseinsfunktionen in ihrer Bedeutung für den Menschen begonnen zu verschieben. Die Funktion Arbeit wurde zurückgedrängt, wohingegen die Funktion Wohnen und sich Erholen an Bedeutung zugenommen haben. Dieser zunächst rein zeitliche Aspekt wird durch die Einkommenssteigerung verstärkt, da breite Bevölkerungskreise mehr für die Bedürfnisbefriedigung dieser Grundfunktionen aufzuwenden imstande sind.

Beide Funktionen können nach der herrschenden Meinung weiter Bevölkerungsschichten in München besonders gut ausgeübt, zum Teil sogar in Einklang gebracht werden.

Eine Untersuchung von RUHL [25] über das Image von München als Faktor für den Zuzug kam dabei zu folgenden Aussagen:

1. Die Attraktivität von Wohnstandorten wird in zunehmendem Maße an der Qualität des Wohnumfeldes gemessen. (Das sprichwörtliche Dach über dem Kopf ist danach nicht mehr allein ausschlaggebend.)

2. Die Attraktivität Münchens als Wohnstandort übersteigt die aller vergleichbaren westdeutschen Verdichtungsräume bei weitem.

Bereits die Bedeutung des Wohnumfeldes für die Beurteilung des Wohnstandortes weist auf die Relevanz der Erholungsfunktion hin. MAIER [26], der die Bedeutung Münchens als Fremdenverkehrsstadt analysiert, gelangt zu der Erkenntnis, daß die Stadt selbst, ihre Gestalt und Atmosphäre sowie der in München gepflogene Lebensstil dazu beitragen, München als „Freizeitstätte" zu sehen.

Eine Untersuchung, welche die Wohnort-, Ruhesitz-, Arbeitsort- und Betriebsstandortpräferenzen deutscher Städte analysiert, stellt ebenfalls die herausragende Stellung Münchens neben Hamburg, Düsseldorf und Berlin in den Vordergrund [27]. Das Bemerkenswerte an der Arbeit von MONHEIM ist die Tatsache, daß das Ergebnis auf eine Befragung klein-mittelständischer Unternehmer in

---

[24] Baureferat der Landeshauptstadt München, München Dokumentation Flächennutzungsplan, Grundlagen- und Beipläne, München 1970, S. 10.

[25] Vgl. Ruhl, G.: Das Image von München als Faktor für den Zuzug, Münchner Geographische Hefte (1971) 35, S. 92.

[26] Vgl. Maier, J.: München als Fremdenverkehrs-Stadt, in: Mitteilungen der Geographischen Gesellschaft in München, Bd. 57 (1972) S. 90.

[27] Vgl. Monheim, H.: Zur Attraktivität deutscher Städte, in: WGI-Berichte zur Regionalforschung (1972) 8, S. 91.

tertiärem Wirtschaftssektor zurückzuführen ist; mithin auf den Aussagen einer Bevölkerungsgruppe beruht, deren Ortspräferenzen sich nicht nur an den Funktionen Wohnen und sich Erholen, sondern in entscheidendem Maße auch an der Funktion Arbeiten zu orientieren haben.

Übereinstimmend weisen alle drei Untersuchungen auf die ausgeprägte Vorzugsstellung hin, die München bei der Bevölkerung genießt. Diese außerordentlich hohe Bewertung hat letztlich ihren Niederschlag in den hohen Bodenpreisen gefunden, wie sie bei der statistischen Analyse zutage trat.

Noch markanter als in den Preisen zeigt sich dies in der absoluten Preissteigerungsquote, wie sie für die 60-er Jahre ermittelt wurde.

b) Der Baulandmarkt für unterschiedliche Baulandarten in der Stadt München

Bei den bisherigen Ausführungen stand die situationsmäßige Abgrenzung der Stadt München gegenüber anderen deutschen Großstädten im Vordergrund des Interesses. Im Anschluß daran soll das Marktgeschehen im Stadtgebiet einer differenzierten Analyse im Zeitraum 1962—1970 unterzogen werden (vgl. Tabelle 4, S. 25).

Bei der Betrachtung der gesamten Baulandveräußerungen, wobei zunächst der nach Baulandarten differenzierte Markt unberücksichtigt bleiben soll, treten zwei für den Verlauf der 60-er Jahre typische Tendenzen hervor:

1. Die starke und stetige Abnahme der Baulandveräußerungsfälle sowie der umgesetzten Fläche,
2. Das starke und kontinuierliche Anwachsen des durchschnittlichen Preises.

Bei Unterstellung einer zumindest konstanten Nachfrage, erst recht aber bei der realistischeren Annahme einer Nachfragesteigerung auf dem Baulandmarkt, weist die angedeutete Tendenz auf eine starke Verknappung des Baulandangebotes im Stadtgebiet hin. Die steigenden Durchschnittspreise sind mit Sicherheit eine unmittelbare Folge des nur sehr begrenzt zur Verfügung stehenden Baulandes. Da in den innerstädtischen Bereichen kaum noch Baulücken vorhanden sind, liegt die begründete Vermutung nahe, daß es sich bei den starken Preissteigerungen in allererster Linie um periphere Randlagen handeln muß.

Für baureifes Land lassen sich in etwa dieselben Feststellungen treffen. Die Durchschnittspreise steigen aber mit steter Regelmäßigkeit um ein vielfaches schneller als die Durchschnittspreise für das gesamte Bauland. Bei Rohbauland [28] hingegen ist der Preisanstieg erheblich geringer als bei Bauland insgesamt; im übrigen sind auch hier wie bei den restlichen Baulandarten die Zahl der Veräußerungsfälle und die umgesetzten Rohbaulandflächen stark rückläufig.

Auf Grund starker Schwankungen bei allen Erhebungsmerkmalen lassen sich bei der Rubrik sonstiges Bauland kaum Tendenzen ableiten. Dies liegt vermutlich an der Tatsache, daß zu den bei allen Baulandarten existierenden Lageunterschieden hier auch noch extrem unterschiedliche Verwendungsmöglichkeiten treten [29]. Diese Tatsache schränkt aber nicht die bisherigen Erkenntnisse ein, daß der Baulandmarkt im Stadtgebiet durch einen akuten Baulandmangel charakterisiert werden kann, der sich in der Baulandpreisstatistik des letzten Jahrzehnts durch einen starken Rückgang der Veräußerungsfälle und umgesetzten Flächen bei gleichzeitigem starken Ansteigen der Quadratmeterpreise präsentiert [30].

c) Der Baulandmarkt in der Region München im Vergleich mit anderen Teilräumen Bayerns

Zu Beginn der amtlichen statistischen Preisberichterstattung erscheint auf Grund der damaligen, gegenüber heute weitaus geringeren Umlandverflechtung die Beschränkung der Preisanalyse auf das Stadtgebiet Münchens durchaus gerechtfertigt. Seither charakterisieren im wesentlichen zwei Entwicklungstendenzen die aktuelle Situation:

1. Das ehemals überwiegend agrarisch strukturierte Umland beginnt sich in zunehmendem Maße, insbesondere im Wohn-, Arbeits-, Versorgungs- und Bildungsbereich auf die Stadt zu orientieren.

---

[28] Hierbei handelt es sich um „derzeit noch landwirtschaftlich oder gärtnerisch genutzes Gelände, das in einem rechtskräftigen Bebauungsplan als Bauland ausgewiesen ist oder innerhalb einer im Zusammenhang bebauten Ortslage liegt." Bonczek, W.: Bodenwirtschaft in den Gemeinden, in: HdRR, 2. Aufl. Hannover 1970, Sp. 350—351.

[29] Vgl. Ausführungen im Kapitel 3, S. 16.

[30] Vgl. Tiemann, M.: Die Baulandpreise und ihre Entwicklung, in: Der Städtetag, NF 23 (1970) 1, S. 569 ff.

Tabelle 4: Die Baulandveräußerungen in München 1962 – 1971 nach Baulandarten

Jahr	Baulandveräußerungen insgesamt				Baureifes Land				Rohbauland				Sonstiges Bauland			
	Fälle	Fläche	Kaufsumme	Preis	Fälle	Fläche	Kaufsumme	Preis	Fälle	Fläche	Kaufsumme	Preis	Fälle	Fläche	Kaufsumme	Preis
	Zahl	1000 qm	Mill. DM	DM/qm	Zahl	1000 qm	Mill. DM	DM/qm	Zahl	1000 qm	Mill. DM	DM/qm	Zahl	1000 qm	Mill. DM	DM/qm
1962	517	1 832	84,3	46,00	404	1 101	53,2	48,30	95	672	25,8	38,50	18	59	5,3	90,10
1963	577	2 213	147,5	66,60	419	647	51,7	79,90	108	1 381	83,9	60,70	50	185	11,9	64,20
1964	404	1 059	84,1	79,40	331	503	46,8	93,00	60	515	33,9	65,80	13	41	3,4	83,50
1965	479	1 621	136,6	84,30	393	496	63,3	127,60	59	943	60,0	63,60	27	182	13,4	73,60
1966	258	771	69,8	90,60	192	325	35,5	109,40	57	436	32,7	75,10	9	10	1,6	159,00
1967	222	439	47,9	109,40	179	223	28,7	129,00	36	149	14,9	100,20	7	67	4,4	65,00
1968	198	661	66,3	100,40	171	264	39,9	151,40	24	379	22,3	58,80	3	18	4,0	224,40
1969	201	580	104,7	180,50	168	292	80,0	273,84	19	235	24,1	84,61	14	53	4,8	90,40
1970	150	447	75,9	169,81	132	194	50,4	259,60	11	217	23,4	107,89	7	36	2,1	57,57
1971	70	206	65,6	318,90	60	155	56,2	363,70	7	37	8,2	220,80	3	14	1,1	81,90

Quellen: 1. Schuh, E.; Zu den Statistiken der Baupreise in Bayern – Preisindices für Bauwerke seit 1958, Baulandpreise ab 1962, in: Zeitschrift des Bayerischen Statistischen Landesamtes 102 (1970) 1, S. 22

2. Statistisches Bundesamt; Statistisches Jahrbuch für die Bundesrepublik Deutschland, Wiesbaden 1971, S. 438; Wiesbaden 1972, S. 451

2. Auf dem Immobilienmarkt hingegen ist — bedingt durch eine ständig sich verbessernde Verkehrsanbindung einerseits und eine stetige Baulandverknappung andererseits [31] — eine Schwerpunktverlagerung von der Stadt in das Umland zu beobachten, die man als „Randwanderungsprozeß" bezeichnet [32], und die sehr deutlich ihren Niederschlag in den Immobilienteilen der Tageszeitungen finden.

Die Entwicklung auf dem Bodenmarkt ist offenbar dadurch gekennzeichnet, daß ein um die Jahrhundertwende in den Verwaltungsgrenzen der Stadt eng begrenzter und in sich abgeschlossener Markt existiert hat, der im Laufe der Jahrzehnte einen Intensitätsverlust zu Gunsten des Umlandes hinehmen mußte und heute — betrachtet man Stadt und Umland im Sinne eines Stadt-Land-Kontinuums [33] als räumliche Einheit — nur noch die Funktion des bedeutendsten Teilmarktes innerhalb des Bodenmarktes der Region inne hat.

Dieser durch den Intensitätsverlust induzierte Wandel schmälert aber keineswegs die Bedeutung des städtischen Marktes, sondern unterstreicht die Tatsache, daß für das Erfassen der Vorgänge auf dem Gesamtmarkt die Ursachen in erster Linie auf dem städtischen Markt zu finden sind und daß darüberhinaus enge Wechselbeziehungen zwischen den Teilmärkten bestehen. Dies führt konsequenterweise zu der Erkenntnis, daß neben der Analyse von Teilmärkten der Gesamtmarkt der Region München [34] in den Vordergrund der Betrachtung gestellt werden muß, der seinerseits nur wieder Teilmarkt größerer regionaler Märkte ist.

Im Vergleich mit den übrigen Bundesländern der BRD hat Bayern die höchsten Bodenpreise aufzuweisen. So konstatierte AULE bereits 1967: „Die auffallendste Beobachtung bei einer Differenzierung der Baulandpreise nach Ländern ist die eines Gefälles von relativ niedrigen Preisen im Norden der Bundesrepublik zu höheren Preisen im Süden." [35] Diese sich bereits damals abzeichnende Tendenz hat sich bis heute fortgesetzt. Selbst innerhalb der Landesgrenzen ist dieses von Norden nach Süden ausgerichtete Preisgefälle zu beobachten [36], wobei in Oberbayern und Schwaben die höchsten Preise unter den Durchschnittspreisen der Regierungsbezirke auftreten. AULE führt die Ursachen dieses Phänomens auf die überdurchschnittlich wachsende Bautätigkeit, entsprechende Binnenwanderung, Expansion der gewerblichen Wirtschaft und den Fremdenverkehr zurück [37].

Damit sind eine Reihe dynamischer Faktoren angesprochen. Es lassen sich jedoch auch eine Vielzahl weiterer Fakten ins Feld führen, welche diese Gefälle innerhalb Bayerns zu erklären imstande sind.

Die Ballungszentren München und Augsburg weisen — ähnlich wie der gesamte Alpenraum — eine starke Bevölkerungszunahme im vergangenen Jahrzehnt auf. Darauf läßt sich auch der verhältnismäßig hohe Anteil von Neubauten im Süden Bayerns zurückführen [38]. Einen weiteren preisbeeinflussenden Faktor auf dem Baulandmarkt stellt die Nachfrage nach Zweitwohnsitzen dar, der sich neben den landschaftlich reizvollen Umlandgemeinden der Städte München, Augsburg, Nürnberg vor allem auf den Alpenraum und den Bayerischen Wald konzentriert [39].

Stadtumland einerseits und Fremdenverkehrsgebiete andererseits sind diejenigen Gebiete, welche

---

[31] Die letzte größere Eingemeindung (Aubing, Langwied) geht zurück auf das Jahr 1942; vgl. Dheus, E.: Die Olympiastadt München — Entwicklung und Struktur a. a. O., Tab. 3, S. 15.

[32] Schaffer, F.: Wirkungen der räumlichen Mobilität auf die innere Differenzierung der Stadt. Unveröffentlichte Habilschrift, München 1971, S. 57.

[33] Vgl. hierzu die Diskussionen von: Lupri, E.: The Rural-Urban Variable Reconsidered: The Cross-Cultural Perspective, in: Sociologia Ruralis, Vol. VII, 1967, No. 1, S. 1—20. Pahl, R. E.: The Rural-Urban Continuum: A Reply to Eugen Lupri, ebd., S. 21—29.

[34] Zur Abgrenzung der Region München: vgl. Ruppert, K. und Mitarbeiter: Planungsregionen Bayerns — Gliederungsvorschlag, München 1969, S. 144 ff.

[35] Aule, O.: Analyse der Baulandpreise in der Bundesrepublik Deutschland unter regionalen Gesichtspunkten, in: Wirtschaftliche und soziale Probleme des Agglomerationsprozesses — Beiträge zur Empirie und Theorie der Regionalforschung, München 1967, S. 30.

[36] Vgl. Bayerisches Statistisches Landesamt: Statistisches Jahrbuch für Bayern 1972, München 1972, S. 354.

[37] Aule, O.: a. a. O., S. 33.

[38] Vgl. Bayerische Staatsregierung, Raumordnungsbericht 1971, München 1972, S. 104.

[39] Vgl. Ruppert, K., Maier, J.: Der Zweitwohnsitz im Freizeitraum — raumrelevanter Teilaspekt einer Geographie des Freizeitverhaltens, in: Informationen 21 (1971) 6, Karte 1 + 2.

über eine konzentrierte Baulandnachfrage den Preis in Oberbayern und Schwaben in entscheidendem Maße beeinflussen, was bei zunehmender Freizeitaktivität zu einem verstärkten regionalen Einfluß der Erholungsgebiete bei der Preisgestaltung führen kann.

Nicht unerwähnt darf die Tatsache bleiben, daß die Erwerbsstruktur der Bevölkerung dieser Räume — im Vergleich zu den übrigen Landesteilen Bayerns — durch einen sehr hohen tertiären Anteil gekennzeichnet ist. Dies läßt gewisse Rückschlüsse auf die Sozialstruktur und damit auf das durchschnittliche Einkommen der ansässigen Bevölkerung zu, das höher liegen dürfte als im übrigen Bayern und sich damit auf das allgemeine Preisniveau und letztlich auch auf den Baulandpreis auswirkt.

Ähnlich wie bei der Charakterisierung des Baulandmarktes für die Stadt München wird die Region München mit anderen Teilräumen konfrontiert, um die spezielle Situation dieses Marktes zu kennzeichnen (vgl. Tabelle 5, S. 28). Dabei handelt es sich bei den Teilräumen Bayern und Oberbayern — im Gegensatz zum Alpenraum [40] und der Region München — um verwaltungsrechtlich abgegrenzte Raumeinheiten, wohingegen es sich beim Alpenraum — abgesehen vom nördlichen Rand — zum überwiegenden Teil um eine naturräumliche Einheit, bei der Region München um eine sozioökonomische Raumeinheit handelt, was für das Verständnis der Bodenpreisentwicklung in diesen Räumen von besonderer Bedeutung ist.

In allen Teilräumen zeichnet sich, soweit aufgeführt, die gleiche Situation ab. Seit 1962 weisen die Veräußerungsfälle eine stark rückläufige Tendenz bis 1968 auf, um dann bis 1971 wieder stark zu steigen, bis etwa in die Höhe des Ausgangsniveaus von 1962.

Einen ähnlich starken Rückgang weisen auch die Flächen auf, die dann in Bayern und Oberbayern aber wieder stark zunehmen. Dieser Trend gilt vermutlich auch für die beiden übrigen Teilräume.

Demgegenüber bleiben die Gesamtumsätze in den ersten Jahren — von kleineren Schwankungen abgesehen — relativ konstant; beginnen dann aber in Bayern und Oberbayern stark zu steigen. Als Konsequenz der bisherigen Ergebnisse resultiert ganz allgemein in allen Teilräumen ein einheitliches Ansteigen der Durchschnittspreise, was je nach Baulandart mehr oder weniger stark ausgeprägt ist. An der Spitze dieser für den gesamten Zeitraum typischen Entwicklung steht baureifes Land, gefolgt von Rohbauland und sonstigem Bauland, dessen relativ starke Schwankungen sich aus der sehr unterschiedlichen Verwendungsart erklären lassen.

Obgleich die Veräußerungsfälle als auch die Flächen in den ersten Jahren stark rückläufig sind, steigen die Baulandpreise, bezogen auf den Quadratmeter, in allen Teilräumen kontinuierlich an.

Nach der Ermittlung des allgemeinen Trends sollen die Räume in Bezug auf die für sie charakteristische Ausprägung des Marktgeschehens analysiert werden. Je nach der flächenhaften Ausdehnung der Teilräume ergeben sich dabei in Bezug auf Fläche und Anzahl der Fälle gebietsgrößenspezifische Unterschiede, was auch für die Kaufsummen zutrifft.

Im Gegensatz dazu sind die Preise, welche von der Fläche der einzelnen Räume unabhängig sind, wesentlich aussagekräftiger.

Sie weisen der Region München in allen Baulandarten eine eindeutige Spitzenposition gegenüber den anderen Teilräumen zu. In der Preishierarchie folgt Oberbayern, was aber im wesentlichen auf den Einfluß der Region München zurückzuführen ist, denn auf die Region München entfallen in Oberbayern fast die Hälfte der umgesetzten Fläche und ungefähr drei Viertel der Kaufsummen für das gesamte Bauland. In der Rangliste bezüglich der durchschnittlichen Bodenpreishöhe folgen der Alpenraum und Bayern mit Preisen, die erheblich niedriger liegen als in der Region München [41].

Obgleich die Verkaufsfälle für die Region München nicht zur Verfügung stehen und ein Vergleich mit Teilräumen nur in den Jahren 1962—1968 durchgeführt werden kann, ist der Unterschied zu den übrigen Gebieten klar zu erkennen. Innerhalb des gesamten, auch in Phasen rückläufigen Flächenumsatzes anhaltenden Trends kontinuierlich steigender Quadratmeterpreise, zeichnet sich die Region München durch eine extreme Spitzenposition gegenüber allen anderen Gebieten aus.

---

[40] Vgl. Ruppert, K., und Mitarbeiter: Planungsgrundlagen für den Bayerischen Alpenraum — Wirtschaftsgeographische Ideenskizze, Manuskript, München 1973.

[41] Eine detaillierte Analyse der Baulandpreise im Alpenraum auf Gemeindebasis für den Vergleichszeitraum 1962—1968 befindet sich in: Ruppert, K., und Mitarbeiter: Planungsgrundlagen für den Bayerischen Alpenraum, a. a. O., S. 59—77.

Tabelle 5

Die Baulandveräußerungen 1962 - 1968 bzw. 1971 in ausgewählten Teilräumen Bayerns

Jahr	Baulandveräußerungen insgesamt				Baureifes Land				Rohbauland				Sonstiges Bauland			
	Fälle	Fläche	Kaufsumme	Preis	Fälle	Fläche	Kaufsumme	Preis	Fälle	Fläche	Kaufsumme	Preis	Fälle	Fläche	Kaufsumme	Preis
	Zahl	1000 qm	Mill.DM	DM/qm	Zahl	1000 qm	Mill.DM	DM/qm	Zahl	1000 qm	Mill.DM	DM/qm	Zahl	1000 qm	Mill.DM	DM/qm

BAYERN

1962	26 995	40 023	542,8	13,60	15 253	17 461	322,3	18,50	10 472	17 462	176,8	10,00	1 270	5 100	43,7	8,60
1963	23 593	35 784	615,7	17,20	12 748	14 767	321,1	21,70	9 406	17 084	243,2	14,20	1 439	3 933	51,4	13,00
1964	25 677	39 204	674,7	17,20	13 763	16 422	371,2	22,60	10 530	17 964	258,0	14,40	1 384	4 818	45,5	9,40
1965	26 216	43 216	842,2	19,50	15 354	18 161	477,5	26,30	9 325	18 106	298,9	16,50	1 537	6 949	65,8	9,50
1966	22 746	30 292	626,5	20,70	13 017	14 474	392,0	27,10	8 598	13 436	204,6	15,20	1 131	2 382	29,9	12,60
1967	18 440	24 704	534,2	21,60	11 039	12 063	346,1	28,70	6 028	9 703	151,0	15,60	1 373	2 938	37,1	12,60
1968	19 476	26 441	630,3	23,80	12 221	13 739	429,3	31,30	5 495	9 229	154,0	16,70	1 760	3 473	47,0	13,50
1969	23 832	37 440	932,1	24,90	15 489	18 173	589,5	32,40	6 532	13 440	260,8	19,40	1 811	5 827	81,8	14,00
1970	26 136	42 512	1 094,7	25,80	16 602	20 693	690,0	33,30	7 407	14 553	292,5	20,10	2 127	7 266	112,2	15,40
1971	31 812	47 544	1 272,8	26,80	20 671	25 232	912,0	36,10	9 304	17 099	280,0	16,40	1 837	5 213	80,9	15,50

Regierungsbezirk Oberbayern

1962	6 507	12 585	244,9	19,50	4 274	6 162	156,5	25,40	1 945	4 145	68,9	16,60	288	2 278	19,5	8,60
1963	5 365	10 799	311,5	28,80	3 531	4 893	154,6	31,60	1 426	4 361	131,8	30,20	408	1 545	25,1	16,20
1964	6 054	9 660	274,5	28,40	3 838	4 889	174,4	35,70	1 840	3 528	85,3	24,20	376	1 243	14,8	11,90
1965	6 290	11 571	390,3	33,70	4 233	5 572	228,0	40,90	1 739	4 655	135,6	29,10	318	1 344	26,7	19,90
1966	4 851	7 192	266,3	37,00	3 277	4 249	181,4	42,70	1 347	2 607	77,6	29,80	227	336	7,3	21,70
1967	4 239	6 522	247,9	38,00	2 906	3 924	178,2	45,40	1 099	2 113	59,7	28,30	234	485	10,0	20,60
1968	4 680	7 739	299,7	38,70	3 495	4 746	219,4	46,20	813	2 062	65,8	31,90	372	931	14,5	15,60
1969	5 804	10 050	443,1	44,10	4 469	5 749	303,8	52,80	998	3 202	115,9	36,20	337	1 099	23,4	21,30
1970	6 368	11 643	487,9	41,90	4 720	6 365	319,7	50,20	1 228	3 757	135,3	36,00	420	1 521	32,9	21,60
1971	6 991	12 476	562,3	45,10	5 338	7 184	434,3	60,50	1 284	3 554	98,8	27,20	369	1 738	29,1	16,80

Alpenraum

1962	-	5 211	81,3	15,60	-	2 527	53,3	21,10	-	2 358	25,5	10,80	-	326	3,1	9,40
1963	-	4 475	78,3	17,50	-	2 085	51,9	24,90	-	2 154	23,9	11,10	-	234	2,7	11,50
1964	-	4 139	89,0	21,50	-	2 217	60,9	27,50	-	1 650	23,9	14,50	-	273	4,3	15,60
1965	-	5 370	104,2	19,40	-	2 541	72,9	28,70	-	2 259	26,7	11,80	-	569	4,4	7,80
1966	-	3 508	92,3	26,30	-	2 071	69,8	33,70	-	1 178	19,2	16,30	-	259	3,2	12,50
1967	-	3 318	83,6	25,20	-	1 759	59,5	33,80	-	1 114	19,9	17,90	-	445	4,3	9,60
1968	-	3 412	96,2	28,20	-	1 981	71,5	36,10	-	1 154	21,2	18,40	-	277	3,3	12,00

Region München

1962	-	6 305	162,2	25,70	-	3 137	103,5	33,00	-	2 667	49,6	18,60	-	501	9,1	18,30
1963	-	6 205	234,4	37,80	-	2 484	103,5	41,70	-	3 213	114,8	35,70	-	508	16,1	31,60
1964	-	5 591	193,9	34,70	-	2 604	117,4	45,10	-	2 312	67,5	29,20	-	675	9,0	13,30
1965	-	6 714	296,4	44,20	-	3 096	165,3	53,40	-	2 947	110,1	37,40	-	671	20,9	31,20
1966	-	3 765	182,6	48,50	-	1 978	115,2	58,20	-	1 678	63,3	37,70	-	109	4,2	38,30
1967	-	3 530	176,5	50,00	-	2 180	125,9	57,70	-	1 109	43,0	38,80	-	242	7,6	31,50
1968	-	3 898	211,1	54,20	-	2 504	151,9	60,70	-	1 210	51,6	42,60	-	183	7,7	41,90

Quellen: 1. Bayerisches Statistisches Landesamt; Statistische Berichte M I 6 j. 1971; Baulandpreise in Bayern
2. Schuh, E.; Zu den Statistiken der Baupreise in Bayern - Preisindices für Bauwerke seit 1958, Baulandpreise ab 1962, in: Zeitschrift des Bayerischen Statistischen Landesamtes 102 (1970) 1
3. Unveröffentlichte Baulandpreisstatistik; Sonderauswertung des Bayerischen Statistischen Landesamtes München 1972

III. DIE VORAUSSETZUNGEN DER KLEINRÄUMLICHEN BODENPREISANALYSE

Alle bisher getroffenen Aussagen über die Preisentwicklung in München gestatten zwar Preisvergleiche zwischen verschiedenen Städten, sie lassen aber keinerlei Aussagen darüber zu, wie sich die Preise in der Stadt München selbst entwickelt haben. Die gleichen Vorbehalte lassen sich auf die Region übertragen. Preisvergleiche sind zwar möglich, Preisdifferenzen innerhalb der Gebiete können auf Grund des Materials der amtlichen Statistik nicht gemacht werden.

Bei der Erörterung der begrenzten Aussagefähigkeit von Durchschnittswerten taucht ganz allgemein die Frage auf, inwiefern es sich bei den von der amtlichen Statistik ausgewiesenen Durchschnittspreisen tatsächlich um repräsentative Preise für ein flächenhaft begrenztes Gebiet handelt.

Hierzu ist es notwendig, noch einmal kurz auf die Methodik der Baulandpreisstatistik einzugehen[1]. Zur Ermittlung der Durchschnittspreise werden alle durch Kauf erworbenen *unbebauten* Grundstücke, die nicht der land- und forstwirtschaftlichen Nutzung unterliegen, die sich aber im Baugebiet der Gemeinde befinden und deren Kaufsumme mehr als 200.— DM beträgt, herangezogen. Es handelt sich also um eine Totalerhebung, die nahezu alle Veräußerungsfälle berücksichtigt. Der jährliche Durchschnittspreis stellt mithin in Bezug auf die zugrundeliegende Zeitperiode einen repräsentativen Wert für alle tatsächlich getätigten Verkäufe dar.

Es taucht in diesem Zusammenhang aber die Frage auf, ob der Durchschnittspreis, der mit Sicherheit repräsentativ für diejenigen Teile eines Gebietes ist, in denen Verkäufe während des betreffenden Zeitabschnitts erfolgten, auch für das ganze Stadtgebiet im gleichen Maße gültig ist. Bei der Unterstellung einer gleichmäßigen regionalen Verteilung aller Verkäufe über ein Gebiet wäre diese Frage zu bejahen. Diese Gleichverteilung ist aber ein Ideal, dessen Existenz zwar in der Theorie häufig angenommen wird, in der Praxis aber kaum realisiert sein dürfte.

Speziell in Großstädten ist die Situation vielmehr so, daß von einer vom Zentrum ausgehenden, zum Stadtrand steigenden Marktintensität in Bezug auf den Handel mit unbebauten Grundstücken gesprochen werden kann. Die in allen Städten entgegengesetzt verlaufende Bebauungsintensität unterstreicht die getroffene Aussage.

Diese Feststellung bezüglich des Verlaufes der Marktintensität muß aber konsequenterweise zu der Erkenntnis führen, daß die Durchschnittspreise keinesfalls für das gesamte Stadtgebiet repräsentativ sind, sondern bestenfalls für bestimmte, in erster Linie dynamische Teilbereiche. Der Realitätsgehalt der Werte steigt ganz allgemein vom Zentrum zum Stadtrand, wo er situationsgemäß seine größte Plausibilität erreicht.

Dieser Klumpeneffekt weist darauf hin, daß in die Durchschnittspreisbildung in erster Linie stark expandierende Stadtrandbezirke eingehen, wohingegen stagnierende Bereiche kaum vertreten sind. Tabelle 4, S. 25 weist in München einen Durchschnittspreis für baureifes Land von 48,30 DM für 1962 und 363,70 DM für 1971 aus. Dies entspricht einer Preissteigerung von ca. 750 %. Es wäre absurd zu glauben, daß alle Grundstücke im Stadtgebiet diese durchschnittliche Preissteigerung vollzogen haben. Für bevorzugte periphere Lagen ist die Steigerungsquote zweifellos genauso realistisch wie für dynamische Citybereiche, handelt es sich doch bei dem fraglichen Zeitraum, abgesehen von dem Rezessionsjahr 1968, um eine Phase kontinuierlichen wirtschaftlichen Aufschwungs.

Die Skepsis, welche gegenüber globalen Preissteigerungsraten an den Tag zu legen ist, soll ein weiteres Beispiel verdeutlichen: „Das Bewertungsamt der Stadt München hat errechnet, daß die Grundstückspreise in München seit dem Jahre 1950 innerhalb der jeweiligen Wertkategorien durchschnittlich um 2036 % gestiegen sind, d. h. daß Boden gleicher Qualität heute in München etwa zwanzig Mal so viel kostet wie im Jahre 1950."[2]

---

[1] Vgl. Keller, J.: a. a. O., S. 457.
[2] Landeshauptstadt München, Kommunalreferat; Initiative für eine Neuordnung des Bodenrechts, München 1972,

Bei dieser Angabe muß kritisch hinterfragt werden, inwieweit es sich dabei um eine reale Wertsteigerung handelt. Zu diesem Zweck sei folgende Überlegung angestellt: Baureifes Land kostete 1970 durchschnittlich 259,60 DM/qm (vgl. Tab. 4, S. 25). Unterstellt man eine Preissteigerung von 100 % p. a. für den fraglichen Zeitraum, so resultiert daraus ein Preis von knapp 13.— DM/qm im Jahre 1950. Bedenkt man ferner, daß bereits in den 30-er Jahren Preise von 6.— RM/qm und mehr erzielt wurden, und dies einem eindeutig belegten Preistiefstand entsprach, so liegt die Vermutung nahe, daß das niedrige Ausgangspreisniveau für die enormen Preissteigerungsraten der Nachkriegszeit mitverantwortlich zu machen ist[3].

Dieses niedrige Ausgangspreisniveau ist aber zum großen Teil auf die wirtschaftlichen Konsequenzen des 2. Weltkriegs zurückzuführen, die durch einen erheblichen, bereits in der Kriegszeit einsetzenden Preisverfall auf dem Grundstücksmarkt charakterisiert werden können. Dies deckt sich zumindest sinngemäß mit den Ergebnissen von GRÜBNAU, der in seinem Aufsatz „Hundert Jahre städtische Grundstückspreise"[4] zu dem Ergebnis gelangt, daß die Baulandpreise erst in den Jahren 1960/62 wieder die Werte von 1914 erreichen.

Vor dem Hintergrund der wirtschaftlichen Entwicklung der Nachkriegszeit muß die anfangs gestellte Frage nach der realen Wertsteigerung verneint werden, in einem erheblichen Teil der insbesondere aus den Jahren der Nachkriegszeit resultierenden Wertsteigerungen ist ein Nachvollzug entgangener Wertsteigerungen zu erblicken. Der Preisanstieg ist auch gerade deshalb so eklatant, weil sich der bei geordneten wirtschaftlichen Verhältnissen auf Jahrzehnte erstreckende Preisanstieg auf einige wenige Jahre reduziert hat.

Ebenso ungeeignet zur Charakterisierung der Situation wie Durchschnittswerte und Preissteigerungsraten sind die aus der sicherlich großen Fülle gewaltiger Planungsgewinne zufällig herausgegriffenen Einzelbeispiele: „Die Eigentümerin von 0,3 qm Grund in einem Sanierungsgebiet hat eine städtebauliche Neuordnung 1 ½ Jahre verzögert. Das von der Stadt mit dieser Maßnahme beauftragte gemeinnützige Wohnungsunternehmen mußte umgerechnet für den qm 31 800.— DM bezahlen. Die Bauverzögerungskosten gehen nach Angaben des Wohnungsunternehmens für diese Schikanierqcm in Millionenhöhe."[5]

Durchschnittspreise bzw. deren Veränderung können unter genauer Beachtung der sie umgebenden zeitlichen und erhebungstechnischen Randdaten zwar eine gute Marktinformation darstellen, sie geben aber keinerlei präzise Auskunft über die reale Veränderung des gesamten regionalen Preisgefüges. Diese Aussage gilt sowohl für eine in ihren Verwaltungsgrenzen behaftete Stadt als auch für eine nach sozioökonomischen Kriterien abgegrenzte Region.

1. Die methodischen Probleme der Materialaufbereitung

Grundsätzlich kann davon ausgegangen werden, daß Gesetz- und Regelmäßigkeiten auf dem Bodenmarkt umso besser hervortreten, je größer der Analysezeitraum insgesamt ist und je mehr Zeitquerschnitte durchgeführt werden können. Mit steigender Länge des Beobachtungszeitraumes wachsen aber auch die Probleme methodischer Art.

Im Gegensatz zu Großbritannien und den Vereinigten Staaten von Nordamerika, die seit Jahrhunderten über eine einheitliche Währung verfügen, haben in Deutschland seit der Jahrhundertwende drei Währungen über längere Zeiträume existiert. Während im Jahre 1904[6] die Goldmark als Zahlungsmittel herrschte, waren es 1936[7] Reichsmark und 1961 bzw. 1971 Deutsche Mark.

S. 17. Vgl. auch: Vogel, H.-J.: Münchner Erfahrungen zur Reform der Bodenordnung, in: Raum und Siedlung, 1968, 5, S. 130. — An dieser Stelle ist bereits von 2470 % Planungsgewinn seit Freigabe der Grundstückspreise die Rede.

[3] Vgl. Ausführungen S. 15 und 16.

[4] Grübnau, E.: Hundert Jahre städtische Grundstückspreise 1870—1970, in: Festschrift für Hermann Wandersleb, Bonn 1970, S. 215.

[5] Landeshauptstadt München, Kommunalreferat: Initiative für eine Neuordnung des Bodenrechts, a. a. O., S. 6.

[6] In diesem Jahr liegen Bewertungsdaten in Form von Preisen für das gesamte Stadtgebiet auf Straßenbasis vor.

[7] In diesem Jahr liegen Bewertungsdaten in Form von Preisen für das gesamte Stadtgebiet auf Straßenbasis vor.

Die Vergleichbarkeit der einzelnen Währungen untereinander stellte ein zentrales Bearbeitungsproblem dar.

Üblicherweise wird die Kaufkraft des Geldes über den Preisindex für die Lebenshaltungskosten gemessen. Dieses Verfahren bietet sich jedoch nur für den Zeitraum 1936—1971 an, weil der besagte Preisindex erst für das Jahr 1913/14 erstmalig veröffentlich wurde[8]. Bei dieser Methode wäre also ein Vergleich mit dem Jahr 1904 nicht möglich gewesen. Der Preisindex für die Lebenshaltungskosten ist jedoch auch aus anderen Gründen für einen so großen Zeitraum nur bedingt verwendbar:

1. Die Zusammensetzung der Indexfamilie hat sich in den sechzig Erhebungsjahren mehrmals geändert.
2. Die Verbrauchergewohnheiten der Familien haben zu einer erheblichen Strukturveränderung des der Indexberechnung zugrundegelegten Warenkorbes geführt.

Letztlich resultierte daraus eine mehrmalige Umbasierung des Index, was nicht unbedingt seine Aussagekraft erhöht hat.

Der gravierendste Einwand gegen die Verwendung des Preisindex für die Lebenshaltungskosten ist jedoch auf den Umstand zurückzuführen, daß der Index ein Preismaß für Konsumgüter und nicht ein Preisindex für Investitionsgüter ist. Seine Verwendung impliziert also, daß Konsum- und Investitionsgüterpreise mit den gleichen Margen steigen und fallen, was mit Sicherheit irreal ist.

Zusammenfassend läßt sich feststellen, daß von Seiten der Statistik keine Hilfsmittel zur Verfügung stehen, die drei unterschiedlichen Währungen über einen so langen Zeitraum mit Hilfe eines Umrechnungsfaktors vergleichbar zu machen; d. h. es muß ein eigenständiger Weg begangen werden, um sowohl den Klumpeneffekt der statistischen Durchschnittswerte als auch die unterschiedlichen Währungen mit unbekannten Paritäten zu umgehen.

2. Die zentrale Bedeutung des Bezugswertes für den Preisvergleich

Es hat in den zurückliegenden Jahren nicht an Versuchen seitens der Wissenschaft und der Stadtplanung gemangelt, das Bodenpreisgefüge bzw. dessen Darstellung in den Griff zu bekommen. Hierbei handelt es sich aber in erster Linie um Detailuntersuchungen an Hand ausgewählter Gebiete der Gesamtstadt. Es nimmt nicht wunder, daß dabei die Innenstadt, die nicht nur von der Stadtgeographie, sondern auch von anderen Disziplinen mit großem Interesse verfolgt wird, besondere Beachtung auf sich gezogen hat.

Dieses Interesse erklärt sich beispielsweise aus der Tatsache, daß, wie eine Reihe von Untersuchungen ergeben haben, Ladenmieten und Bodenpreise in direktem positivem Zusammenhang mit der Fußgängerdichte zu sehen sind. WILLIAM-OLSSON[9] konnte bereits 1940 für Stockholm die Beziehung zwischen gewerblichen Mieten und Fußgängerverkehr nachweisen. Da mit steigenden Mieten die Bodenpreise angehoben werden, müssen konsequenterweise an Orten hoher Fußgängerdichte auch hohe Bodenpreise anzutreffen sein.

BERRY hat diesen Zusammenhang an Hand zweier Diagramme für die Ashland Avenue in Chicago veranschaulicht; danach schwanken die Ordinatenwerte (Anzahl der Fußgänger pro 10 Minuten bzw. Bodenpreis in Dollar) entlang der gesamten Straße im gleichen Rhythmus. Beide Kurvenzüge verlaufen annähernd parallel zueinander[10]. Von besonderem Interesse ist dabei die Beobachtung, daß die Straßenkreuzungen die Orte höchster Fußgängerdichte sind und somit Bodenwertmaxima darstellen. Die Anziehungskraft, die diese Lagen auf die Handels- und Dienstleistungsunternehmen ausüben, liegt in der Tatsache begründet, daß dort die höchsten Umsätze erzielt werden können.

Für die Strukturanalyse verwendet JENSEN[11] neben einer Reihe von Karten, die sich insbesondere auf

---

[8] Vgl. Statistisches Jahrbuch für das Deutsche Reich, 24 (1924/25), S. 259. — Vierteljahreshefte zur Statistik des Deutschen Reiches (1926) 1, S. 24 ff. — Wirtschaft und Statistik 5 (1925) 5, S. 159 ff.

[9] William-Olsson, W.: Stockholm, Its Structure and Development, in: Geographical Review, New York 30 (1940), S. 425 ff.

[10] Berry, B. J. L.: Geography of market centers and retail distribution, Englewood Cliffs N. J. 1967, S. 49; Foundations of Economic Geography Series.

[11] Jensen, H.: Fußgängerbereiche München — Altstadt: Plangutachten zur Einrichtung von Fußgängerzonen innerhalb des vom Altstadtring umfahrenen Altstadtbereiches in München, Braunschweig 1965, Bd. I, S. 23 a.

Gebäude- und Bevölkerungsdaten stützen, u. a. auch eine Bodenpreiskarte der Münchner Innenstadt. Dabei wird der Höchstwert von 1963 mit 4 000.— DM/qm gleich 100 % gesetzt; die zur Darstellung gelangenden Schwellenwerte sind Prozentwerte des Höchstwertes und bringen deutlich den krassen Wertabfall innerhalb der City zum Ausdruck. Die gleiche Darstellungsmethode liegt einer vergleichenden Citystudie von NIEMEIER [12] zu Grunde. Er geht jedoch noch einen Schritt weiter und analysiert nicht nur die Struktur der Innenstadt mit Hilfe der Bodenpreise, sondern er grenzt die City — in Analogie zu MURPHY und VANCE [13] — unter Verwendung von Schwellenwerten ab. Danach gehören alle Straßen zur City, die einen Quadratmeterpreis von 20 % und mehr im Vergleich zum Höchstwert aufweisen. Straßen mit einem Preis von 60 % und mehr zählen zum Citykern, der sich danach vom Hauptbahnhof über die Bayerstraße, Neuhauser-, Kaufingerstraße, Marienplatz bis an den westlichen Randbereich des Tals, im wesentlichen also in ost-westlicher Richtung erstreckt. Die nördlichen und südlichen Ausläufer in Gestalt der Weinstraße, Rosen- und Sonnenstraße, stellen zumindest 1963 noch keine maßgeblichen räumlichen Entwicklungstendenzen dar. Dieses Verfahren führt für eine Zeitpunkt-Betrachtung zu einer relativ scharfen Abgrenzung, wie ein Vergleich mit der City-Abgrenzung nach GANSER [14] aus dem Jahre 1968 beweist.

Dennoch dürfen die für den Ortskundigen sehr exakt anmutenden Ergebnisse nicht darüber hinwegtäuschen, daß — im Sinne von KANT [15] — die Karten der Bodenwerte, welche die absolute oder relative Preishöhe darstellen, nur ein Bild von Intensitätsstufen bieten und nicht eine direkte Abgrenzung des Stadtkerns ermöglichen, noch weniger einen zwischenörtlichen Vergleich zwischen Städten verschiedener Größe und bei verschieden wirtschaftlichen Bedingungen gestatten.

Zu einer ähnlichen Aussage gelangen ABELE und WOLF [16]. Sie stellen fest, daß der Bodenpreis — für sich allein genommen — nur ein grobes Bild der Ausdehnung der Geschäftsviertel gibt, und begründen ihre Skepsis mit der Tatsache, daß Bodenspekulation im City-Erwartungsgebiet die Preise auch in Gebieten geringer Zentralität hinauftreiben kann.

Noch präziser äußert sich SCHÄFER, der sich vor allem mit der von MURPHY und VANCE vollzogenen Abgrenzung kritisch auseinandersetzt. Mittelpunkt seiner Kritik ist die Frage nach dem Zustandekommen der für derartige Abgrenzungen benutzten Grenzwerte, was zu der Feststellung führt, „daß — abgesehen von einer intuitiven Festsetzung — Grenzwerte auf der Basis von Grundstückspreisen kaum eindeutig ermittelt werden können" [17].

Eine Studie des Stadtentwicklungsreferates [18] beschreitet bei der Darstellung der innerstädtischen Bodenpreise von München einen etwas anderen Weg als NIEMEIER, der es gestattet, die zeitliche Veränderung des Wertgefüges zu veranschaulichen. Alle zur Darstellung gelangenden Teilgebiete des Untersuchungsraumes werden fortlaufend numeriert und in einer Legende die betreffenden Bodenpreis-Richtwerte für 1961 und 1970 ausgewiesen. Auf einer zweiten Karte wird die prozentuale Veränderung der Richtwerte dargestellt, wobei der jeweilige 61'er Richtwert eines Teilgebietes gleich 100 % gesetzt wird und seine relative Veränderung gegenüber dem 71'er Wert zur Darstellung gelangt.

Bezüglich der Darstellung des Bodenwertgefüges sind das letztgenannte Verfahren als auch die von NIEMEIER angewandte Methode für einen kurzen Zeitraum und ein eng begrenztes Untersuchungsgebiet — sowohl bezüglich eines räumlichen als auch zeitlichen Vergleichs — praktikabel. Für das gesamte Stadtgebiet hingegen erheben sich in Be-

---

[12] Vgl. Niemeier, G.: Citykern und City, in: Erdkunde XXIII (1969) 4, Beilage IX.
[13] Vgl. Murphy, R. E., Vance, J. E.: Delimiting the CBD, in: Economic Geography, Worcester Mass. 30 (1954) 3, S. 189 ff.
[14] Vgl. Ganser, K.: Die Münchner City, Geschäftszentrum für 3 Millionen Kunden, in: Topographischer Atlas Bayern, München 1968, S. 240—241.
[15] Vgl. Kant, E.: Zur Frage der inneren Gliederung der Stadt, in: Lund Studies in Geography, Serie B. Human Geography Nr. 24, Lund 1962, S. 331. Proceedings of the IGU Symposium in Urban Geography, Lund 1960.
[16] Vgl. Abele, G., Wolf, K.: Methoden zur Abgrenzung und inneren Differenzierung verschiedenrangiger Geschäftszentren, in: Berichte zur deutschen Landeskunde 40 (1958) 2, S. 239.
[17] Schäfer, H.: Neuere stadtgeographische Arbeitsmethoden zur Untersuchung der inneren Struktur von Städten. Teil 2. Die bereichsbildenden Funktionsstandorte, in: Berichte zur deutschen Landeskunde 43 (1969) 2, S. 277.
[18] Referat für Stadtforschung und Stadtentwicklung: Über den Wandel von Struktur, Funktion und Charakter der Münchner Innenstadt und Möglichkeiten seiner Steuerung, München 1971, Schaubilder 2 u. 3.

zug auf große Zeiträume starke Bedenken, die sich in erster Linie gegen die Verwendung des Höchstwertes als Bezugswert richten. Dieser Höchstwert stellt auf Grund seiner Einzigartigkeit einen extremen Sonderfall innerhalb des städtischen Preisgefüges dar. Er kann — theoretisch betrachtet — jahrelang unverändert bleiben, weil sich keine Käufer für den wertvollsten, ausschließlich gewerblicher Nutzung unterworfenen Boden finden. Andererseits ist es denkbar, daß er innerhalb einer Jahresfrist um ein Vielfaches steigt. Unbestritten ist die Tatsache, daß der Höchstwert einer Stadt und seine zeitliche Veränderung keinesfalls repräsentativ für die Preisveränderung des gesamten Bodenwertgefüges ist. Es ist sogar recht zweifelhaft, ob seine Preissteigerungsraten für das intensiv gewerblich genutzte innerstädtische Geschäftsgebiet charakteristisch sind.

Für diese Vorbehalte sprechen auch die Ergebnisse von RAMS [19], der in 66 Städten der USA eine Korrelationsanalyse mit 40 Wirtschafts- und Bevölkerungsdaten und dem jeweiligen Höchstwert durchgeführt hat. Bezeichnenderweise ergibt sich das beste Ergebnis aus der Korrelation mit dem höchsten Preis für Wohnbauland mit einem Wert von 0,599.

Diese Unzulänglichkeiten lassen es daher ratsam erscheinen, nach einem neuen Weg bei der Analyse gesamtstädtischer Bodenwertgefüge in großen Zeiträumen zu suchen. Es gilt, einen Bezugswert zu finden, der unter Vermeidung des bei Durchschnittswerten üblichen Klumpeneffektes die Vergleichbarkeit unterschiedlicher Währungen gestattet und der darüberhinaus repräsentativ für das gesamte Wertgefüge ist.

Ausgangsbasis bildet dabei das Gauss-Krüger'sche Planquadratnetz, wie es von der Stadtplanung mit einer Maschenweite von 200 m für das Stadtgebiet ausgearbeitet wurde [20]. Mit Hilfe dieses Rasters wurden für die einzelnen Jahrgänge Flächenstichproben gezogen, wobei für die einzelnen Zeitpunkte ein einheitlicher Stichprobenplan zugrunde lag. Bei einer derartig angelegten Stichprobe hatten alle Bodenwerte die gleiche Chance, in die Auswahl zu gelangen, unabhängig von ihrer Lage im Stadtgebiet, und von der damit in engem Zusammenhang stehenden Frage, ob in dem jeweiligen Gebiet ein Verkauf stattgefunden hatte oder nicht. Ein weiterer, für den Zeitvergleich wesentlicher Vorteil liegt darin begründet, daß zu allen Zeitpunkten die gleichen Gebiete in die Auswahl gelangten, sofern sie einer Bewertung unterzogen waren.

Die Werte der Stichprobenerhebung bildeten die Grundlage für eine Mittelwertberechnung, deren Resultat einen Durchschnittswert lieferte, der folgenden Anforderungen Genüge leistete:

1. Der solchermaßen ermittelte Durchschnittspreis ist ein echter Preisdurchschnitt für alle Grundstücke des gesamten Stadtgebietes. Auf Grund des geschilderten Verfahrens hatten alle Grundstücke die gleiche Chance, in die Stichprobe zu gelangen. Es handelt sich also um ein Ergebnis, daß im wahrsten Sinne des Wortes repräsentativ für die Grundgesamtheit, d. h. alle Grundstücke der Stadt ist. Der bei den von der amtlichen Statistik veröffentlichten Durchschnittswerten vorhandene Klumpeneffekt ist ausgemerzt.

2. Die für verschiedene Jahrgänge und Währungen ermittelten Durchschnittspreise geben Auskunft über die reale Verschiebung der Wertrelationen des gesamten städtischen Bodenpreisgefüges, ohne daß dabei auf amtliche Indices zurückgegriffen werden mußte, deren Mängel bereits ausführlich erörtert worden sind. Sie bleiben jedoch für sich genommen zunächst ein wenig abstrakt und gewinnen erst durch die kartographische Darstellung in Verbindung mit einer relativen Verknüpfung der Schwellenwerte untereinander an Aussagekraft.

Mit den auf die beschriebene Art und Weise ermittelten Durchschnittspreisen für das gesamte Stadtgebiet ist die Basis für einen strukturgerechten räumlichen und zeitlichen Preisvergleich gelegt.

Da alle Preissammlungen durch den niedrigsten und höchsten Wert in ihrer Spannweite charakterisiert sind, gestattet der Mittelwert eine erste Strukturierung der Bewertungsmasse. Der Bezugswert in Form des arithmetischen Preismittels dient aber nicht nur der Vergleichbarkeit des gesamtstädtischen Preisniveaus, sondern er bildet das Fundament für die kartographische Darstellung aller Preisgefüge der einzelnen Jahrgänge.

Die Aufgabe bestand zunächst darin, ein starres Schwellenwertschema herauszufinden, welches zu allen untersuchten Zeitpunkten ein Differenzierungsoptimum mittels der zur Verfügung stehen-

---

[19] Rams, E.: Principles of City Land Values, Worthington/Ohio 1964, S. 157.
[20] Vgl. Dheus, E.: Geographische Bezugssysteme für regionale Daten, Stuttgart 1970, S. 33 ff.

den kartographischen Hilfsmittel gewährleistet. Zu diesem Zweck wurden für alle Jahrgänge Histogramme erstellt, um einen Einblick in die Verteilung der Preise zu erhalten. Danach wurde abgetestet, welches Schema bei der Schwellenwertbildung der einzelnen Jahrgänge ein Höchstmaß an Auflösung des Preisgefüges gestattete.

Zur Darstellung standen acht Farbwerte zur Verfügung, die beispielsweise für das Jahr 1904 eine Preisspanne von 3.— Mark/qm für den billigsten Boden und 1800.— Mark/qm für den teuersten Boden wiedergeben sollten. Hierbei sollte sowohl der Stadtrand mit den niedrigen Werten als auch die Innenstadt mit den hohen Werten noch möglichst stark differenziert werden.

Es war naheliegend, bei der Wahl der Schwellenwerte die Tatsache zu berücksichtigen, daß die Bodenpreise im allgemeinen vom Stadtrand zur Innenstadt zunächst nur sehr langsam ansteigen, während sie im Zentrum sehr stark steigen, m. a. W.: einen exponentiellen Verlauf aufweisen. Dieser Erkenntnis zufolge mußten für eine räumlich ausgewogene Darstellung der Bodenpreise im Stadtgebiet die niedrigen Preise wesentlich stärker differenziert werden als die hohen Preise. Darüberhinaus galt es, *ein* Schwellenwertschema zu finden, welches zu allen in die Untersuchung einbezogenen Zeitpunkten eine annähernd gleiche Ausgewogenheit sicherte.

Diese Erfordernisse für den Preisvergleich zu unterschiedlichen Zeitpunkten (1904/1936/1960/1971—72) erfüllte eine Schwellenwertrelation von 1:2 sehr gut, wobei die Karteninterpretation durch das einfache Verhältnis stark erleichtert wird. Vom Mittelwert ausgehend, wurden dabei alle darüberliegenden Schwellenwerte durch Verdoppelung des vorangegangenen Wertes, alle darunterliegenden Schwellenwerte durch Halbierung des nächst höheren Wertes erzielt. Damit verhalten sich die in allen Karten bezüglich der Gesamtstadt Verwendung findenden Schwellenwerte wie:

$$1:2:4:8:16:32:64$$

Neben der bei Schwellenwerten generell möglichen Aussage, wie teuer eine Gegend im Vergleich zu einer anderen ist, gestattet dieses Verfahren gleichzeitig Aussagen über die räumliche Wertrelation in Form eines einfachen Multiplikators. Die zentralen Citylagen sind beispielsweise acht Mal so teuer wie der Durchschnittswert und vierundsechzig Mal so teuer wie die billigsten peripheren Randlagen.

Der Vorteil fester, von einem realen Preisdurchschnitt ausgehender Schwellenwertrelationen tritt erst richtig bei Zeitvergleichen in Erscheinung. Die Relation der für die einzelnen Jahre ermittelten Durchschnittspreise bleibt bei den entsprechenden Schwellenwerten der einzelnen Jahrgänge erhalten. So verhält sich beispielsweise der niedrigste Schwellenwert von 1904 zum niedrigsten Schwellenwert von 1936 genauso wie die entsprechenden Mittelwerte dieser Jahre. Dies gilt selbstverständlich nicht nur für unmittelbar aufeinanderfolgende Kaufpreissammlungen, sondern für alle Preisgefüge. Danach verhält sich beispielsweise der höchste Schwellenwert von 1904 zum höchsten Schwellenwert von 1971 wie deren Mittelwerte untereinander.

Für die Interpretation der Wertgefüge ist der dargelegte Zusammenhang von entscheidender Bedeutung. Ein Schwellenwertwechsel eines Gebietes (Farbwechsel) von einem Berichtsjahr zum anderen besagt, daß dieses Gebiet einer über- oder unterdurchschnittlichen Wertveränderung unterliegt, denn bei durchschnittlicher Preisveränderung hätte das Gebiet die Farbe nicht wechseln können. Treten derartige Schwellenwertveränderungen nicht sporadisch, sondern konzentriert in einheitlich strukturierten Gebieten in mehreren aufeinanderfolgenden Zeitperioden auf, so lassen sich daraus aller Voraussicht nach Vermutungen über die Entwicklungstendenzen künftiger Jahre ableiten.

3. Die wichtigsten Bodenwerteinflußfaktoren

Insbesondere in Kapitel II. werden auf Grund der unterschiedlichen Quellen des statistischen Materials zum Teil unterschiedliche Baulandqualitäten für die Darstellung der Preisentwicklung herangezogen. Die folgenden Abschnitte werden sich aber im Gegensatz zu den einleitenden Ausführungen, in denen unterschiedliche Räume einander gegenübergestellt und bezüglich der Preisentwicklung verglichen wurden, mit der Preisstruktur im Stadtgebiet und der Region beschäftigen.

Am Anfang einer solchen Detailanalyse hat erfahrungsgemäß eine Begriffsklärung zu erfolgen, da speziell die Vielfalt der Fachausdrücke, wie z. B. Bauerwartungsland, Rohbauland, baureifes Land ganz bestimmte Qualitätsmerkmale implizieren, die von großer Bedeutung für die absolute Preishöhe als auch für die Veränderung der Preise sind.

Daneben gibt es vor allem unter der großen Zahl möglicher Bodenwerteinflußfaktoren, wie sie von RAMS [21] für Gewerbeflächen, Wohnflächen und Industrieflächen getrennt analysiert wurden, einige Haupteinflußgrößen, die unabhängig von der Nutzungsart für alle Flächen relevant sind.

Bei der Analyse von Werteinflußfaktoren müssen zwei Dinge, die den Boden von allen anderen Wirtschaftsgütern unterscheiden, in den Vordergrund der Betrachtung gestellt werden. Der Boden ist immobil und prinzipiell unvermehrbar. Die Immobilität bezieht sich auch auf das Bauland, wohingegen die zweite Eigenschaft der Unvermehrbarkeit auf das Bauland nicht zutrifft. In gewissem Sinne kann Bauland produziert werden, obgleich einschränkend hinzugefügt werden muß, daß dies nicht an jedem Ort in beliebiger Menge geschehen kann. M. a. W.: die Baulandproduktion unterliegt gewissen regionalen Beschränkungen, wie sie i. d. R. durch die Direktiven der orts- und landesplanerischen Gremien vorgeschrieben werden.

Jedoch nicht nur die Ausweisung von Bauland gehört zu den Selbstverwaltungsobliegenheiten der Gemeinden, sondern auch die Fragen, welche mit der Gestaltung derselben zusammenhängen, werden von ihnen geregelt. Dieser Umstand veranlaßte MÖLLER [22] zu folgender Feststellung: „Eine Baufreiheit besteht praktisch nicht mehr und soweit gebaut werden darf, wird die Art der Bebauung und der wirtschaftlichen Nutzung weitgehend festgesetzt. Da die nichtlandwirtschaftliche Nutzung des Bodens kaum ohne irgend eine Art von Bebauung möglich ist, wird über das Baurecht die Bestimmung der Bodenverwendung weitgehend privatwirtschaftlichen Dispositionen der Bodeneigentümer entzogen und der öffentlichen Verwaltung übertragen." Diese Aussage unterstreicht nachdrücklich die Bedeutung, welche der kommunalen Planungshoheit bei der Bodenpreisbildung beizumessen ist.

a) Der Erschließungszustand des Bodens

Ausgangspunkt des Baulandentstehungsprozesses ist der Boden als Teil der Erdoberfläche. Vielfach wird es sich dabei um landwirtschaftlich genutzten Boden, im Umland von Städten bisweilen um besonders intensiv landwirtschaftlich genutzten Boden (Gartenbau, Spezialkulturen) handeln. Dieser Umstand darf aber nicht darüber hinwegtäuschen, daß es sich hierbei auch um Brachflächen, im besonderen um Sozialbrache [23] oder um Ödland handeln kann, welche der städtischen Nutzung zugeführt werden können.

„Unter Bauland ist der Bauboden verschiedener Entwicklungsstufen und unterschiedlicher rechtlicher Qualität zu verstehen." [24] Dieser Definition wäre insbesondere in Zusammenhang mit den in dieser Arbeit im Vordergrund stehenden Preisen für Bauland hinzufügen, daß zu den verschiedenen Entwicklungsstufen unterschiedliche Wertstufen gehören, wie dies in Abb. 5, S. 36 zum Ausdruck kommt.

Bevor jedoch die einzelnen Entwicklungsphasen in ihrer Bedeutung für die Wertsteigerung des Bodens untersucht werden, muß jedoch darauf verwiesen werden, daß bereits landwirtschaftlicher Boden unter spekulativen Aspekten gehandelt wird, wie dies in Abb. 5 sehr deutlich zu erkennen ist. M. a. W.: bereits die vage Aussicht, daß ein landwirtschaftlich genutztes Grundstück in absehbarer Zeit zu Bauerwartungsland erklärt wird, kann eine Steigerung des Preises nach sich ziehen. Diese wird umso größer sein, je größer die Wahrscheinlichkeit für eine Widmungsänderung ist.

Bei der Entwicklung vom Boden zum Bauland lassen sich grundsätzlich 3 Phasen unterscheiden:

Phase 1: *Die Bauleitplanung* [25] (A-B-C in Abb. 5)

„Sie hat die Aufgabe, die städtebauliche Entwicklung einer Gemeinde zu ordnen und die Nutzung des Bodens insbesondere für die Bebauung rechtserheblich zu regeln", und gehört zu den Selbstver-

---

[21] Vgl. Rams, E.: a. a. O., S. 154 ff. — Vgl. auch Fußnote 19 Seite 33.
[22] Möller, H.: Der Boden in der politischen Ökonomie. Sitzungsberichte der wissenschaftlichen Gesellschaft an der Johann Wolfgang Goethe Universität Frankfurt/M. 6 (1967) 1, S. 26.
[23] Vgl. Hartke, W.: Die „Sozialbrache" als Phänomen der geographischen Differenzierung der Landschaft, in: Erdkunde X (1956) 4, S. 257—269. — Vgl. Ruppert, K.: Zur Definition des Begriffes „Sozialbrache", in: Erdkunde XII (1958) 3, S. 226—231.
[24] Bonczek, W.: Bodenwirtschaft in den Gemeinden, in: HdRR, 2. Aufl. Hannover 1970, Sp. 347.
[25] Vgl. BBauG §§ 1—13.

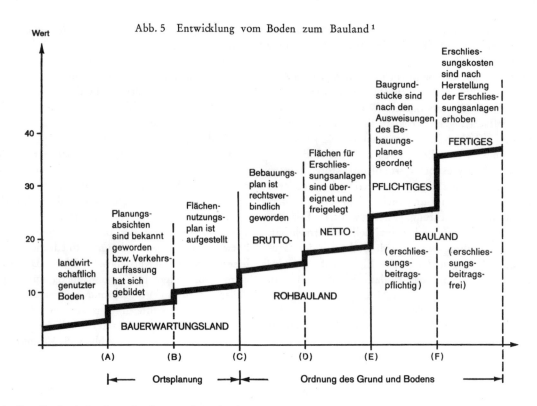

Abb. 5 Entwicklung vom Boden zum Bauland[1]

[1] Quelle: Akademie für Raumforschung und Landesplanung: Daten zur Raumplanung, Hannover 1966, II · F · 7 (2).

waltungsfunktionen der Gemeinden[26]. Zu diesem Zweck ist für das Gemeindegebiet ein Flächennutzungsplan aufzustellen, der unter Berücksichtigung der übergeordneten raumordnerischen und landesplanerischen Ziele die zur Bebauung vorgesehenen Flächen bei einem maximalen Planungshorizont von 10 Jahren hinsichtlich Art und Maß der baulichen Nutzung ausweist.

Für den Wertbildungsprozeß bleibt festzuhalten, daß die bloße Ausweisung von Bauerwartungsland[27] im Flächennutzungsplan eine erhebliche Wertsteigerung des Bodens nach sich zieht, die weder durch Kosten (z. B. Erschließung) noch durch einen Rechtsanspruch in Bezug auf Erschließung der Flächen begründet werden könnte.

An eben dieser Wertsteigerung entzündet sich die Diskussion über einen speziellen Planungswertausgleich oder eine generelle Bodenwertzuwachsabgabe, von der FECHER allerdings der Überzeugung ist, daß sie „in der Gegenwart nur eine Korrekturmaßnahme bezüglich des unzulänglichen Bewertungsrechts darstellt"[28]. Nach seiner Auffassung ist die Bodenwertzuwachsabgabe im Falle einer zeitnahen Bewertung sogar überflüssig.

Obwohl es sich bei dem Flächenbegriff als auch bei der Erwartung auf künftige Bebauung um äußerst vage Aussichten handelt, übersteigen die Preise von Erwartungsbauland um ein Vielfaches die des bisherigen Bodens. Dieser Tatbestand ist aber durch die Erfahrungstatsache insbesondere der Ballungsräume begrün-

[26] Ernst, W.: Planungs- und Baurecht, in: HdRR, 2. Aufl. Hannover 1970, Sp. 2375.
[27] Vgl. Akademie für Raumforschung und Landesplanung: Daten zur Raumplanung, Abschnitt II F. 1. 2: Bauerwartungsland sind Flächen, von denen nach Lage und sonstigen Umständen zu erwarten ist, daß sie in absehbarer Zeit Bauzwecken dienen werden.
[28] Fecher, H.: in: Landeshauptstadt München: Initiative für eine Neuordnung des Bodenrechts, München 1972, S. 106.

det, daß auf Grund des akuten Flächenbedarfs in den Kommunen einmal zur Bebauung in Aussicht genommene Flächen ohne große Verzögerung auch der Bodenordnung und Erschließung zugeführt werden.

Phase 2: *Die Bodenordnung* (C-D-E in Abb. 5)

Sie stellt ebenso wie die Bauleitplanung eine Aufgabe der Gemeinde dar und dient der Ordnung der Eigentumsverhältnisse. Größe und Zuschnitt der zur Bebauung vorgesehenen Grundstücke sollen dabei durch die Verfahren der Umlegung [29] und Grenzregelung [30] so ausgelegt werden, daß sie der jeweiligen geplanten Nutzung optimal entsprechen.

Insbesondere die Umlegung ist ein häufig praktiziertes Verfahren bei der Aufstellung von Bauleitplänen, weil dadurch zwangsweise Eingriffe in bestehende Eigentumsverhältnisse in Form von Enteignungsverfahren vermieden werden können. Während die Grenzregelung der i. d. R. geringfügigen Grenzveränderung benachbarter Grundstücke dient, ist „die Umlegung ein behördliches Grundstückstauschverfahren mit dem Ziel, unbefriedigend zugeschnittene Grundstücke so neu zu ordnen, daß nach Lage, Form und Größe für die Bebauung zweckmäßig gestaltete Grundstücke entstehen, die den früheren Eigentümern im Verhältnis der von ihnen eingeworfenen Grundstücke wieder zugeteilt werden"[31].

Voraussetzung für den Beginn der diversen Bodenordnungsverfahren ist jedoch die Aufstellung eines Bebauungsplanes, welcher die künftige Nutzung parzellenscharf und rechtsverbindlich vorschreibt[32]. Im besonderen geht es hierbei um die Festlegung von Nutzungsintensitäten. Geregelt werden nach Maßgabe der Baunutzungsverordnung die Frage der Baulinien, Baugrenzen, Bebauungstiefen und somit die Größe der überbaubaren Grundstücksflächen sowie die zur Anwendung gelangende Bauweise.

Nach Beendigung der bodenordnerischen Maßnahmen sind die von den Verfahren betroffenen Grundstücke der baulichen Verwertung um einen erheblichen Schritt nähergerückt, als dies nach der ersten Phase der Fall war. Dies hat konsequenterweise eine weitere Wertsteigerung des Bodens zur Folge. Der Wertzuwachs der zweiten Phase unterscheidet sich jedoch erheblich von der Bauleitplanungsphase. Erstere war charakterisiert durch einen undifferenzierten generellen Preisanstieg von großen Gebieten einheitlicher Nutzung gemäß Ausweisung des Flächennutzungsplanes. Die zweite Phase hingegen ist dadurch gekennzeichnet, daß sich aus dem einheitlichen Preisniveau kleinräumlich diejenigen Gebiete wertmäßig zu profilieren beginnen, die auf Grund des Bebauungsplanes ein sehr hohes Nutzungsmaß oder eine besonders gewinnträchtige Nutzungsart zugewiesen erhalten haben. Während die Wertsteigerungen der ersten Phase durch hoheitlichen Akt ohne Investitionen zustande kommen, werden die Wertsteigerungen der zweiten Phase bei der Übereignung von Erschließungs- und Gemeinbedarfsflächen von erheblichen Investitionen seitens privater Eigentümer und der öffentlichen Hand begleitet[33].

Phase 3: *Erschließung* (E-F in Abb. 5)

Darunter fallen „die Gesamtheit der im öffentlichen und privaten Bereich zu treffenden Maßnahmen, die ermöglichen sollen, daß Grundstücke entsprechend den städtebaulichen Grundsätzen und baurechtlichen Vorschriften baulich ge-

---

[29] Vgl. BBauG §§ 45—79.
[30] Vgl. BBauG §§ 80—84.
[31] Halstenberg, F.: Eigentumspolitik und Bodenordnung, in: HdRR, 2. Aufl. Hannover 1970, Sp. 540.
[32] Vgl. Ernst, W.: a. a. O., Sp. 2376.
[33] Vgl. Bonczek, W.: Die Reform des kommunalen Bodenrechts aus städtebaulicher Sicht, in: Ernst, W., Bonczek, W.: Zur Reform des städtischen Bodenrechts. Veröffentlichungen der Akademie für Raumforschung und Landesplanung. Abhandlungen Bd. 61, 1971, S. 76.

nutzt, insbesondere freigelegt und an das öffentliche Verkehrs- und Versorgungsnetz angeschlossen werden können"[34]. Hiervon ist die Aufschließung als Oberbegriff zu unterscheiden, welche die Gesamtheit aller infrastrukturellen Maßnahmen beinhaltet. In erster Linie dreht es sich dabei um die Erschließung für den öffentlichen und individuellen Verkehr sowie um die Installation aller Ver- und Entsorgungseinrichtungen.

Grundsätzlich handelt es sich bei den Erschließungsmaßnahmen um eine Obliegenheit der Gemeinden, wobei aber je nach den örtlichen Modalitäten eine Beteiligungspflicht für die Grundstückseigner, insbesondere über den Anschlußzwang an die öffentlichen Einrichtungen bestehen kann. BONCZEK rechtfertigt die Umlage der Kosten mit der Tatsache, daß die Anlage von Straßen den Boden erst baureif mache und damit eine Wertsteigerung der Anliegergrundstücke induziere[35].

Erst die ortsübliche Erschließung eines Grundstückes ist die letzte Stufe im Baulandentstehungsprozeß, welcher aus dem ausreichend vorhandenen Boden das begehrte und knappe baureife Land entstehen läßt. Diese letzte Stufe ist, wie Abb. 5, S. 36 verdeutlicht, die Stufe höchster Wertzuwächse, was durch die erheblich zum Einsatz gelangten Mittel bewirkt wurde.

Gleichzeitig kann es aber auch auf die Tatsache zurückgeführt werden, daß erst nach vollzogener Erschließung die in den einzelnen Stufen aufgewandten Kapitalmittel durch die Möglichkeit der baulichen Nutzung einer Verzinsung zugeführt werden können.

b) Die potentielle Nutzung des Bodens

Hat der Boden alle Stadien des Baulandprozesses durchlaufen, so handelt es sich i. d. R. um baureifes Land. Waren die Erschließungskosten für alle Grundstücke noch annähernd gleich, was von der Aufwandseite her auf gleich hohe Preise für baureifes Land schließen läßt, so zeigt sich eigentümlicherweise für baureifes Land ein stark differenziertes Preisgefüge in der Stadt und in der Region, was letztlich nicht auf die vorangegangenen Investitionen zurückzuführen ist. Ursache für diese Erscheinung sind in erster Linie die unterschiedlichen Nutzungsarten und Nutzungsintensitäten, wie sie nach Maßgabe der Baunutzungsverordnung in den vorbereitenden Bauleitplänen bzw. Flächennutzungsplänen[36] und in den verbindlichen Bauleitplänen bzw. Bebauungsplänen enthalten sind. Andererseits spiegeln sich in den unterschiedlichen Preisen bereits auch die Umsatz- und Gewinnerwartungen der künftigen Eigentümer.

Bei der Nutzungsart werden vier Grundtypen unterschieden:

1) Wohnbauflächen
2) Gemischte Bauflächen
3) Gewerbliche Bauflächen
4) Sonderbauflächen,

die dann in den entsprechenden Bauleitplänen eine weitere Untergliederung erfahren, wie dies beispielhaft für die gemischten Bauflächen aufgezeigt werden soll:

21) Dorfgebiete
22) Mischgebiete
23) Kerngebiete.

Hierbei dienen Dorfgebiete vorwiegend der Unterbringung der Wirtschaftsstellen land- und forstwirtschaftlicher Betriebe und dem Wohnen[37], während Mischgebiete dem Wohnen und der Un-

---

[34] Gassner, E.: Erschließung, in: HdRR, 2. Aufl. Hannover 1970, Sp. 627.
[35] Vgl. Bonczek, W.: Kommunale Raumordnung und Bodenpolitik, in: Raumordnung und Grundstücksmarkt; Beiträge und Untersuchungen, Neue Folge der „Materialiensammlung für Wohnungs- und Siedlungswesen", Bd. 64, Münster 1967, S. 51.
[36] Vgl. Baureferat der Landeshauptstadt München: München, Flächennutzungsplan Grundlagen- und Beipläne, München 1970: Art der Nutzung Plan 17, Maß der Nutzung Plan 18.
[37] Bei dieser vor dem Hintergrund großstädtischer Verhältnisse etwas anachronistisch anmutenden Erläuterung der gebietsspezifischen Nutzung darf nicht übersehen werden, daß es sich um eine bundeseinheitliche Nomenklatur handelt, die für Ballungsgebiete und ländliche Räume gleichermaßen zur Anwendung gelangt. Aus den Kerngebieten der Städte sind Dorfgebiete, auf die eine derartige Beschreibung passen könnte, weitgehend verschwunden. In München stellen sie lediglich noch einen Anteil von 1,4 ⁰/oo an der Stadtfläche dar.

Abb. 6 Das Maß der baulichen Nutzung[1]

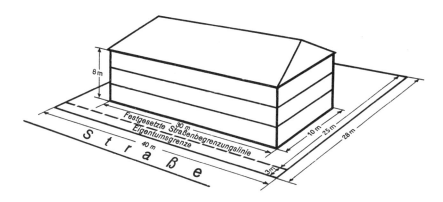

Die Geschoßflächenzahl (GFZ) gibt an, wieviel Quadratmeter Geschoßfläche je Quadratmeter Grundstücksfläche zulässig sind.

$$\text{GFZ} = \frac{10 \times 30 \times 3}{25 \times 40} = \frac{900}{1000} = \boxed{0{,}9}$$

[1] Quelle: Akademie für Raumforschung und Landesplanung, Daten zur Raumplanung, a. a. O., II · F · 4 (2).

terbringung von Gewerbebetrieben dienen, die das Wohnen nicht wesentlich stören, wohingegen Kerngebiete vorwiegend der Unterbringung von Handelsbetrieben sowie der zentralen Einrichtungen der Wirtschaft und der Verwaltung dienen[38].
Es bedarf keiner näheren Begründung, daß die Preise für baureifes Land in Kerngebieten i. d. R. über denen der Mischgebiete und die der Mischgebiete über denen der Dorfgebiete liegen. Bei den Mischgebieten handelt es sich um ein willkürlich herausgegriffenes Beispiel, das jederzeit auf eine andere Grundtype übertragen werden könnte. Für die grundsätzliche Erklärung des stark differenzierten städtischen Bodenwertgefüges bleibt festzuhalten, daß die Nutzungsart ein ausschlaggebender Faktor für die Preisbildung bei baureifem Land darstellt.
In engem Zusammenhang mit der Art der baulichen Nutzung steht das Maß der baulichen Nutzung[39]. Für jede Nutzungsart ist nach der Baunutzungsverordnung gleichzeitig ein Nutzungsmaß verbindlich vorgeschrieben[40]. Dabei wird die Nutzungsintensität üblicherweise in Geschoßflächenzahlen ausgedrückt, wie dies in Abb. 6, veranschaulicht wird.
Daneben finden Grundflächenzahlen (GRZ) und im besonderen für Industriegebiete Baumassenzahlen (BMZ) Verwendung[41].
Gemäß der Baunutzungsverordnung gelten beispielsweise für gemischte Bauflächen folgende Geschoßflächenzahlen:

Dorfgebiete	0,5—0,8
Mischgebiete	0,5—1,2
Kerngebiete	1,0—2,4

Danach weisen die Dorfgebiete die geringste Nutzungsintensität und Kerngebiete die höchste auf. Für die Preisgestaltung von baureifem Land kann dies nicht ohne Folgen bleiben, denn der Wert eines Grundstückes bestimmt sich letztendlich auf Grund der nachhaltig erzielbaren Rendite, z. B. in Form von Mieteinnahmen. Diese werden aber in Bezug auf das Grundstück steigen, wenn die nutzbaren Flächen in Form von Geschoßflächen

---

[38] Vgl. Baunutzungsverordnung vom 29. 11. 1968, §§ 1—11 — Akademie für Raumforschung und Landesplanung: Daten zur Raumplanung, a. a. O., II · F · 4 (3).
[39] Vgl. Baunutzungsverordnung vom 29. 11. 1968, § 17.
[40] Vgl. Grohs, W.: Baunutzungsverordnung, in: HdRR, 2. Aufl. Hannover 1970, Tab. 1, Sp. 177—178.
[41] Vgl. Borchard, K.: Städtebauliche Orientierungswerte, in: HdRR, 2. Aufl. Hannover 1970, Sp. 3185.

zunehmen, d. h. mit steigenden Geschoßflächenzahlen erhöhen sich die Einnahmen pro Grundstück und daraus resultiert die durch das Nutzungsmaß bedingte Bodenwertsteigerung.

BERNOULLI stellt in diesem Zusammenhang fest: „Die höchste Rente, so ist es, läßt sich dort erzielen, wo der Boden am stärksten ausgenutzt werden kann: eine Baustelle, die fünfgeschoßhoch überbaut werden darf, wirft eine höhere Rente ab als eine Baustelle, auf der das Baugesetz, das hier Geltung hat, nur Häuser von drei oder gar nur zwei Geschossen zuläßt. Ebenso erzielt eine Baustelle, die zu dreiviertel überbaut werden darf, eine höhere Rente als eine Baustelle, von der nur ein Viertel oder gar nur ein Fünftel überbaut werden darf." [42]

Die getroffenen Feststellungen werden in keiner Weise durch die Tatsache berührt, daß für weite Teile des Münchner Stadtgebietes die auf Grund einer Gemeindeverordnung des Jahres 1904 geschaffene und im Jahre 1959 neu gefaßte Staffelbauordnung [43] gilt, welche in Verbindung mit den Baulinien des BBauG übergeleitetes Recht darstellen. In der Gemeindeverordnung über die Bebauung der Landeshauptstadt München [44] wird in Abschnitt I, § 1 festgelegt, daß das Gebiet der Landeshauptstadt München in geschlossener und offener Bauweise bebaut wird. Ferner wird in Absatz 2 bestimmt, daß bei geschlossener Bauweise die Gebäude aneinanderstoßen, bei offener Bauweise ein Gebäudezwischenraum einzuhalten sei. Die Staffeln reichen von 1—10, wobei Staffel 1 die intensivste Nutzung, Staffel 10 die extensivste Nutzung eines Grundstückes darstellt. Die Staffeln 1—5 regeln die Bebauungsdichte bei geschlossener Bauweise. Die Staffeln 6—10 gelten für die offene Bauweise.

Entscheidend in Bezug auf die Staffelbauordnung bei der Diskussion von möglichen Auswirkungen auf das städtische Preisgefüge ist die Tatsache, daß Baustaffeln in Geschoßflächenzahlen unter Berücksichtigung des jeweiligen Grundstückszuschnitts umgerechnet werden können [45]. Dies ist deshalb von so großer Bedeutung, weil die Geschoßflächenzahlen — im Gegensatz zu den Staffeln — in linearer Abhängigkeit zueinander stehen, was für die Berechnung von Geschoßflächenpreisen von entscheidender Bedeutung ist.

c) Die Lage des Bodens

Weder die Nutzungsart eines Grundstückes noch dessen bauliche Ausnutzung können alle Wertdifferenzen innerhalb eines Stadtgebietes erklären.

Zwei Beispiele sollen diesen Sachverhalt verdeutlichen:

1) City und Subzentren sind i. d. R. als Kerngebiet im Flächennutzungsplan ausgewiesen; damit ist auch das Nutzungsmaß für beide festgelegt. Trotzdem ergeben sich in Bezug auf die Höhe der Bodenpreise gravierende Unterschiede, die — wie HOFMEISTER in Berlin nachweisen konnte — „einen gewissen Anhaltspunkt geben für die Einschätzung bevorzugter Lagen" [46].

2) Sowohl im Süden als auch im Norden des Münchner Stadtgebietes gibt es große Flächen, die als reines Wohngebiet im Flächennutzungsplan ausgewiesen sind und damit eine einheitliche Nutzungsintensität aufweisen. Obgleich die Gebiete hinsichtlich der baurechtlichen Einflußfaktoren völlig identisch sind, herrschen vielfach erhebliche Preisunterschiede vor.

---

[42] Bernoulli, H.: Die Stadt und ihr Boden, 2. Aufl. Erlenbach-Zürich 1949, S. 63.

[43] Vgl. Baureferat der Landeshauptstadt München: München, Flächennutzungsplan Grundlagen- und Beipläne, a. a. O., S. XIII.
In Plan 23 wird die Verteilung der Baustaffeln, in Plan 24 die Verteilung der Geschoßflächenzahlen über das gesamte Stadtgebiet zur Darstellung gebracht, wobei die Unterschiede in der zugrundeliegenden Konzeption speziell an Hand der am unteren Kartenrand befindlichen Profile klar zutage treten. Dabei fördert die Staffelbauordnung eine vom Zentrum zum Stadtrand gerichtete Auflockerung der Bebauung, währenddessen die Geschoßflächenzahlen eine Mehrkernverdichtung in den einzelnen Stadtteilen vorsehen und die Nutzungskonzentration damit nicht nur auf die City begrenzt bleibt.

[44] Vgl. o. V.: Sammlung des Münchner Stadtrechts, Teil: II, Nr. 930, München 1969, S. 1. Darin befindet sich neben einer genauen Beschreibung der einzelnen Staffeln auch ein Straßenverzeichnis des Stadtgebietes mit einer nach Straßenabschnitten gegliederten Ausweisung der zulässigen Baustaffeln.

[45] Vgl. Vergleichsübersicht Baustaffel — Nutzungsziffer in Abhängigkeit von Größe und Form der Grundstücke. Unveröffentlichte Tabellen des Baureferates der Landeshauptstadt München o. J.

[46] Hofmeister, B.: Das Problem der Nebencities in Berlin, in: Berichte zur Deutschen Landeskunde 22 (1961) 1, S. 59.

Die Gründe für diese Erscheinungen sind vielfältiger Natur und bis heute erst in Ansätzen erfaßt. Mit Sicherheit ist die Lage der richtige Sammelbegriff für die Fülle von Einzelfaktoren, welche bei den auftretenden Preisunterschieden eine entscheidende Rolle spielen. Was verbirgt sich aber konkret hinter diesem Begriff? Sind es immer die gleichen Faktoren oder wechseln sie in Bezug auf ihren Einfluß bei der Preisgestaltung? Ausschlaggebend für einen großen Teil der resultierenden Preisdifferenzen sind die Wertvorstellungen der Menschen, denen eine konkrete Vorstellung über die Gunst der Lage zugrundeliegt. Es ist dabei nicht unbedingt notwendig, daß es sich immer um die Eigentümer oder Besitzer des betreffenden Bodens handelt. Vielfach ist der Boden der innerstädtischen Geschäftszentren heute im Besitz von Kapitalgesellschaften, wie beispielsweise Kaufhauskonzernen; trotzdem findet eine Bewertung durch den einzelnen Menschen in Gestalt des Konsumenten statt, der sich für den Einkauf im Kaufhaus A häufiger entscheidet als für den Einkauf bei der Konkurrenz. Kundeneinzugsbereich und Sozialstruktur der Käufer bestimmen entscheidend den Umsatz bei gewerblich genutzten Flächen und dieser wirkt sich auf die Miete aus. Miete und Umsatz sind aber ausschlaggebende Faktoren für den Bodenpreis.

IV. DIE STRUKTURANALYSE DER BODENPREISGEFÜGE IN MÜNCHEN ALS GRUNDLAGE KOMPARATIV STATISCHER PREISVERGLEICHE

Die Selbstverständlichkeit, mit der heute über Grundrenten, Bodenpreise, Planungsgewinne und ähnliches mehr gesprochen wird, hat die historisch begründete Tatsache ziemlich in Vergessenheit geraten lassen, daß es nicht zu allen Zeiten Bodenpreisgefüge in den Städten gegeben hat und daß somit das Objekt dieser Untersuchung, der Preis für den Boden, erst im Verlauf der Jahrhunderte entstanden ist.

Vor dem Hintergrund dieser Entwicklung ist daher ein kurzer historischer Exkurs angebracht, der in groben Zügen aufzuzeigen versucht, wie es zu der gegenwärtigen Preissituation in den Städten gekommen ist.

Es ist der große Verdienst von BERNOULLI[1], auf den sich die Ausführungen dieses Abschnitts im wesentlichen beziehen, die historisch bedingten Zusammenhänge zwischen herrschenden Eigentums- und Besitzregelungen einerseits und daraus resultierenden städtebaulichen Strukturen und Preisgefügen (Gliederung der Bausubstanz) andererseits aufgezeigt zu haben.

Als Gründungsdatum der Stadt München wird allgemein der 14. Juni 1158 angesehen. Obgleich die Existenz des Dorfes „Munichen" sich noch weiter zurückverfolgen läßt, ist dies das erste urkundlich nachweisbare Datum[2]. An diesem Tag wurde Heinrich dem Löwen, der dem Welfengeschlecht entstammte, von Kaiser und Reichstag zu Augsburg das Markt-, Münz- und Zollrecht für München verliehen.

Dies geschah zu jener Zeit, als der Kaiser in seiner Funktion als Sachwalter Gottes auf Erden[3] gleichzeitig Eigentümer des gesamten Bodens war und diesen als Lehen an seine Gefolgsleute vergab, die als Grundherren das uneingeschränkte Besitzrecht ausübten. Der Grundherr wiederum vergab an seine Bürger Nutzungsrechte und stellte ihnen zur Ausübung dieses Rechtes Baustellen zur Verfügung, ohne dabei sein Besitzrecht einzuschränken. Das erbliche und an Dritte verkäufliche Nutzungsrecht wurde von den Bürgern in Form des Erbzinses abgegolten.

Der Besitz von Boden und von Gebäuden unterlag durch diese Rechtskonstruktion einer strikten Trennung. Der Grundherr war Besitzer des Bodens, der Bürger Besitzer seines Hauses. Bodenpreise existierten zu jener Zeit in den Städten nicht. Diese Besitztrennung zwischen Bürger und Grundherr hielt dann auch noch an, als das Lehensrecht im Laufe der Zeit zunächst auf die mittlerweile erstarkten weltlichen und geistlichen Machthaber, im weiteren Verlauf — insbesondere durch den zunehmenden Einfluß der Zünfte — auf die Stadt selbst übergegangen war.

Der Boden wurde auch von den Bürgern der mittelalterlichen Stadt als unteilbares Gemeingut angesehen, für dessen Nutzung sie nach wie vor das Ewiggeld bezahlten.

Im Zuge der allgemeinen Geldentwertung begann das unveränderte Entgelt für das Nutzungsrecht, gemessen an der sinkenden Kaufkraft des Geldes, zur Bedeutungslosigkeit in Form einer Anerkennungsgebühr herabzusinken. Diese Erscheinung wurde begünstigt durch den aufkommenden Reichtum, der in dem florierenden Handwerk einerseits und dem aufkommenden Handel andererseits begründet war. Die Ablösung des als lästig empfundenen Ewiggeldes, zumindest durch die vermögenden Bürger in Form einer einmaligen Zahlung (kapitalisiertes Ewiggeld), war die unmittelbare Folge dieser Erscheinung. Ein Abbröckelungsprozeß[4] war damit — wie BERNOULLI schreibt — in die Wege geleitet, der gegen Ende des 18. Jahrhunderts vielerorts zu einem Ausverkauf der Städte geführt hatte. Während die Grundherren den Boden, bedingt durch die Ablösung des einheitlichen Ewiggeldes zu einheit-

---

[1] Vgl. Bernoulli, H.: a. a. O.
[2] Vgl. Fehn, H.: Münchens Weg vom Klosterdorf zur Millionenstadt, in: Geographische Rundschau 10 (1958) 6, S. 201.
[3] Vgl. Bernoulli, H.: a. a. O., S. 23.
[4] Vgl. Bernoulli, H.: a. a. O., S. 44.

lichen Preisen veräußerten, erkannten die neuen Eigentümer sehr schnell, daß es begehrte und weniger begehrte Grundstücke gab. Es begann sich jenes von Angebot und Nachfrage geprägte Bodenwertgefüge in Ansätzen herauszubilden, welches bis heute Stadt und Land unsichtbar überzieht.

Nachdem sich gegen Ende des 18. Jahrhunderts die Städte von den mittelalterlichen Fesseln der Stadtmauern befreiten, setzte eine rege Bautätigkeit ein. Im Zuge dieser Entwicklung hatte die Lobby sehr bald erkannt, daß dort, wo die Gunst der Lage im Stadterweiterungsgebiet zunächst keine sehr hohe Rendite abzuwerfen versprach, über die Einflußnahme bei den entsprechenden Behörden nachgeholfen werden konnte. Dabei wurde insbesondere die Erkenntnis genutzt, daß Hauptstraßen höher bewertet werden als Nebenstraßen, daß Eckgrundstücke einen besseren Preis erzielen als Grundstücke in der Mitte der Straße, und daß der Preis ansteigt, wenn die Ausnutzung der Grundstücke allgemein heraufgesetzt wird. BERNOULLI stellt in diesem Zusammenhang fest: „Der Begriff der Nebenstraße ist für Jahrzehnte von der Tagesordnung verschwunden."[5]

Die unmittelbare Folge dieser unheilvollen Epoche des Städtebaus sind gründerzeitliche Wohnviertel mit ihrer für Wohnzwecke viel zu dichten Bebauung, wie sie in München vor allem in Haidhausen und der Isarvorstadt anzutreffen sind.

War der Einfluß des einzelnen Bauherrn beim Magistrat noch relativ gering, so hatten die Terraingesellschaften, die sich im wirtschaftlichen Aufwind der Gründerjahre zu etablieren begannen, auf dem städtischen Bodenmarkt eine beachtliche Marktposition inne. Ihre Aufgabe, Land zum Zwecke der Erschließung und Parzellierung zu kaufen und nach Durchführung der notwendigen Maßnahmen wieder zu veräußern, nutzten viele zu spekulativen Transaktionen auf dem Grundstücksmarkt. Die Krise, die sich auf dem Immobilienmarkt — begleitet von zahlreichen Zwangsversteigerungen unter den mit unsoliden Geschäftspraktiken geführten Gesellschaften — unmittelbar nach der Jahrhundertwende abzeichnete, ist ein Zeugnis für die überstürzte Entwicklung in dieser Branche[6].

Eine der Arbeit von RENAULD über die Entwicklung der Wohnungsfrage in München beigefügte Karte[7] zeigt, daß die wesentlichen Teile der zur Stadterweiterung dienenden Flächen sich im Besitz der Terraingesellschaften befanden, womit sich sehr deutlich der Einfluß dieser Gesellschaften dokumentiert, den diese auf die Expansion der Stadt und damit auf den Magistrat haben können.

Ein Kartenausschnitt für die Gemeinden Lochham und Gräfelfing aus dem Jahre 1906, welcher das Vorgehen der Terraingesellschaften dokumentiert, findet sich bei BERNOULLI[8]. Er zeigt einmal, daß bereits damals das Bodengeschäft weit über die damalige Stadtgrenze hinausreichte. Wie die Parzellenstruktur deutlich erkennen läßt, dehnte sich das Terraingeschäft zum damaligen Zeitpunkt bereits auf rein agrarisch orientierte Gemeinden im Umland von München aus.

Die willkürliche Mischung der durch die Terraingesellschaften aufgekauften Flächen einerseits und noch in herkömmlichen bäuerlichem Besitz befindlichen Flächen andererseits, deutet auf den systemlosen Aufkauf von Flächen hin, wie er damals üblich war. Dies geschah in der Hoffnung, eines Tages aus diesem „Fleckerlteppich" einen zusammenhängenden Grundbesitz schaffen zu können. Wo diese Komplettierung nicht zu erreichen war, wucherten die Siedlungen vielfach konzeptionslos in die Agrarlandschaft hinein, was vielerorts zur Konsequenz hatte, daß die Vorsprünge, Biegungen, Knicke der Grenzen, die Ausweichstellen und Gabelungen der Wege unversehens zur Grundlage für künftige Straßennetze und Baustellen wurden[9].

Der knappe historische Abriß hat gezeigt, wie es ganz allgemein zu der Ausprägung von Bodenwertgefügen in den Städten gekommen ist, welche Entwicklungen und insbesondere Fehlentwicklungen zu der starken Differenzierung beigetragen haben, die heute das städtische Bodenpreismuster prägen. Von besonderer Bedeutung für die Interpretation des Preisgefüges ist die Erkenntnis, daß

---

[5] Bernoulli, H., a. a. O., S. 62.

[6] Vgl. Maaß, L.: Die neuere Entwicklung der Bodenverhältnisse in München unter Berücksichtigung der Krisis der Jahre 1900 und 1901, in: Störungen im deutschen Wirtschaftsleben; Schriften des Vereins für Sozialpolitik CXI (1903) 7, S. 207 ff.

[7] Renauld, Ritter v. J.: Beiträge zur Entwicklung der Grundrente und Wohnungsfrage in München, Leipzig 1904, Karte 1.

[8] Vgl. Bernoulli, H.: a. a. O., S. 59.

[9] Ebd., S. 72.

dies differenzierte und in stetigem Wandel begriffene Wertgefüge auf einen Jahrhunderte währenden Prozeß zurückzuführen ist.

Die für die Analyse zur Verfügung stehenden Jahrgänge stellen mithin nur eine Momentaufnahme innerhalb des Wertbildungsprozesses dar, welche vergleichbar ist mit einer mehr oder weniger willkürlich herausgegriffenen Einzelaufnahme aus einem Filmstreifen, der sich aus hunderten solcher Einzelaufnahmen zusammensetzt. Diese Wertgefüge gilt es in der Weise zu interpretieren, daß durch den zeitlichen Vergleich jene Prozesse zutage treten, die als gestaltende Kraft an der Ausformung der Preisgefüge teilhaben.

1. Das städtische Bodenpreismuster und seine Veränderungen

Regionale Bodenpreisgefüge sind in gewissem Sinne ein Spiegelbild räumlicher Bewertung menschlicher Gruppen bzw. deren Individuen. Diese Wertvorstellungen werden in entscheidendem Maße von der politischen, wirtschaftlichen und gesellschaftlichen Situation geprägt, deren Wandlungen — sieht man einmal von gewaltsamen Veränderungen ab — sich über Jahre, meist Jahrzehnte erstrecken. Dieser Umstand läßt die Vermutung begründet erscheinen, bei der Analyse von Bodenpreisgefügen möglichst große Zeiträume heranzuziehen, um unbeeinflußt von zeitlich begrenzten Veränderungen des Preisgefüges die tragenden Entwicklungstendenzen aufdecken zu können. Dies bedeutet aber, daß bei der Analyse möglichst weit zurückgegriffen werden muß, was aber, wie bereits angedeutet wurde, zu erheblichen Schwierigkeiten bezüglich der Vergleichbarkeit führen kann.

Für diesen möglichst großen zeitlichen Rückgriff spricht noch ein anderer Sachverhalt. Die Stadtgrenze früherer Jahrhunderte liegt heutzutage bei Großstädten meist in der Innenstadt. Das Umland ehemaliger Epochen ist heute allenfalls Innenstadtrand. Die Entwicklung des Preisgefüges im Umland anno dazumal ist möglicherweise von der prinzipiellen Entwicklung des heutigen Umlandes gar nicht so weit entfernt, wie das auf den ersten Blick den Anschein haben mag. Lassen sich tatsächlich gewisse Parallelen in Bezug auf die Preisgestaltung ziehen, so können diese Informationen von nicht unerheblichem Wert sowohl für die Stadt- als auch für die Landesplanung sein.

a) Das Preisgefüge im 18. und 19. Jahrhundert

Bereits wenige Jahre nach der Gründung der Stadt München anno 1158 erfolgte 1175—1176 die erste Befestigung, deren Verlauf bis in die heutigen Tage an dem charakteristischen Straßenbild in der Innenstadt nachvollzogen werden kann. Das Stadtgebiet umfaßte in jenen Tagen 15 ha. Begünstigt durch seine Lage erfolgte in Verbindung mit dem Markt-, Münz- und Zollprivileg ein sehr rasches Wachstum der Stadt, welches zunächst 1289 eine Ausdehnung des Stadtgebietes in östlicher Richtung (das Tal) und 1336 eine Ausdehnung nach Norden, Süden und Westen erfuhr[10]. Diese beiden Stadterweiterungen führten zu einer Fläche von 91 ha, die bis gegen Ende des 18. Jahrhunderts unverändert blieb[11].

Bereits in den ersten Jahrhunderten kristallisierte sich eine soziale Viertelsgliederung des Stadtgebiets heraus. Danach war das Graggenauerviertel, der heutige Stadtbezirk I, den weltlichen Machthabern vorbehalten.

Nachdem München von den Wittelsbachern als Residenzstadt auserkoren war, residierten die bayerischen Herzöge zunächst in der alten Stadtburg, dem heutigen Alten Hof[12]. Bei Ausbruch des fürstlich-höfischen Zeitalters wurde die alte Stadtburg durch einen prächtigen Renaissance-Bau im Nord-Ostteil der Stadt in unmittelbarer Nähe des Alten Hofes ersetzt.

Das ehemalige Wilbrechts- und spätere Graggenauerviertel, welches schon im 13. Jahrhundert eine Erweiterung nach Osten erfahren hatte, war aber auf Grund der Vielzahl von Wasserläufen seit alters her auch bevorzugter Standort ältester Gewerbebetriebe, woran noch heute Straßennamen wie Pfister-, Lederer-, Bräuhausstraße etc. erinnern[13].

Die beiden südlichen Viertel, das Anger- und das Hackenviertel, standen den Bürgern und Hand-

---

[10] Vgl. Suckart, M.: Das Planbild der Altstadt von München, in: Geographische Rundschau 3 (1951) S. 477. Anhand eines Stadtplanes werden hier die einzelnen Phasen der Stadterweiterungen zur Darstellung gebracht.
[11] Vgl. Landeshauptstadt München: Stadtentwicklung mit Gesamtverkehrsplan, Kurzfassung 1970, S. 3.
[12] Vgl. Fehn, H.: Münchens Weg vom Klosterdorf zur Millionenstadt a. a. O., S. 202.
[13] Vgl. Suckart, M.: a. a. O., S. 478.

werkern — letzteres vor allem aber den Bauern, worauf der Name deutlich verweist — zur Verfügung, wohingegen das Kreuzviertel der Geistlichkeit vorbehalten war.

Vor diesem historischen Hintergrund ist das städtische Bodenpreisgefüge des 18. Jahrhunderts zu sehen, wie es den Aufzeichnungen RENAULD's [14] zu Beginn des 20. Jahrhunderts zu entnehmen ist. RENAULD hat aus den für die Zeit des 18. Jahrhunderts existierenden Grundbuchextrakten für die 4 Stadtviertel die Veräußerungen der Anwesen, aufgegliedert nach 5-Jahresschritten, beginnend mit dem Jahre 1696, und aufgeteilt in Preisklassen von 4 000.— Mark, statistisch aufbereitet [15]. Den Problemen der unterschiedlichen Kaufkraft des Geldes bzw. der Münzverhältnisse ging er dabei mit Hilfe der Ermittlung des jeweiligen Feingehaltes an Edelmetall aus dem Weg [16].

Anhand des von RENAULD zusammengetragenen Materials konnten für den Verlauf des gesamten 18. Jahrhunderts Mittelwerte berechnet werden, die mit den Veräußerungsfällen gewichtet wurden. Diese Werte wurden aus Gründen des Ausgleichs von allzu extremen Preisschwankungen noch zu gleitenden Mittelwerten zusammengefaßt, welche die Grundlage der in Abb. 7, S. 46 veranschaulichten Preisentwicklung darstellen.

Alle Stadtviertel durchlaufen in der fraglichen Zeit drei charakteristische Preisentwicklungsphasen. Zu Beginn des 18. Jahrhunderts bis etwa Mitte der 30-er Jahre vollzieht sich ein kontinuierlich mäßiger Preisanstieg. Daran schließt sich eine Phase des Preisverfalls an, die Mitte der 70-er Jahre ihr Ende findet. Im letzten Drittel des Jahrhunderts ist die Entwicklung durch eine krasse Aufwärtsbewegung der Preise gekennzeichnet, die gegen Ende des Jahrhunderts eine Höhe erreicht hat, die auch dann realisiert worden wäre, wenn der anfängliche Trend zu Beginn des Jahrhunderts keine Unterbrechung gefunden hätte.

Die Suche nach einer Erklärung für die Ursachen dieser offenbar gesamtwirtschaftlich relevanten Erscheinung ist schwer. Mit großer Wahrscheinlichkeit dürfte aber der Österreichische Erbfolgekrieg 1742—1745, in dessen Verlauf eine Besetzung durch Österreich erfolgte, eine nicht unbedeutende Rolle gespielt haben [17]. Ausschlaggebend für den zweiten Wendepunkt war aller Voraussicht nach der Bayerische Erbfolgekrieg mit Österreich aus dem Jahre 1778.

RENAULD selbst geht, da er eine derartige Preisanalyse mit seinem Material nicht durchgeführt hat, nicht näher auf die Ereignisse ein.

Neben den historischen Daten und ihrem Einfluß auf die Preisentwicklung ist aber ein anderes Faktum von besonderem Interesse. Das zu Beginn des Jahrhunderts für die einzelnen Stadtviertel auf Grund der sozialen Differenzierung charakteristisch ausgeprägte unterschiedliche Preisniveau bleibt — von kleinen Schwankungen abgesehen — trotz mehrfacher Änderung des gesamten Trends ungestört erhalten. Die ständisch geprägten Stadtviertel werden durch die Bodenpreise einer typischen Klassifizierung unterworfen, welche am deutlichsten am Anfang und Ende des Zeitraums abzulesen ist. Danach steht das Kreuzviertel hinsichtlich der Bewertung an der Spitze, gefolgt vom Graggenauerviertel, dem Hacken- und Angerviertel.

Noch deutlicher als bei der Viertelsgliederung tritt die wertmäßige Differenzierung in eine nördliche und südliche Stadthälfte in Erscheinung. Dies wird nicht nur durch den Preisverlauf, sondern auch durch die für die Zeitperiode charakteristischen Mittelwerte belegt. Danach ergeben sich für die einzelnen Stadtviertel folgende Durchschnittswerte:

Kreuzviertel	18 600.— Mark/Anwesen
Graggenauerviertel	16 300.— Mark/Anwesen
Hackenviertel	14 300.— Mark/Anwesen
Angerviertel	13 700.— Mark/Anwesen
Gesamte *Altstadt*	15 500.— Mark/Anwesen

Die unterschiedliche Bewertung der einzelnen Stadtviertel hat einen bis heute wahrnehmbaren physiognomischen Niederschlag im Stadtbild gefunden. So ist beispielsweise die Besitzstruktur, wie sie in den Katasterblättern in Form der Grundstücksgrenzen aufgezeigt wird, in den einzelnen Vierteln sehr verschieden. Große zusam-

---

[14] Vgl. Renauld, Ritter v. J.: a. a. O.
[15] Renauld, Ritter v. J.: a. a. O., Tab. 4, S. 16—19.
[16] Ebd., S. 2.
[17] Eine kurze Zusammenstellung aller insbesondere für die Preisentwicklung relevanter historischer Daten vom ausgehenden Mittelalter bis zum Beginn des 19. Jahrhunderts befindet sich bei: Elsas, M. J.: Umriß einer Geschichte der Preise und Löhne in Deutschland, Leiden 1936, Bd. 1, S. 163 ff.

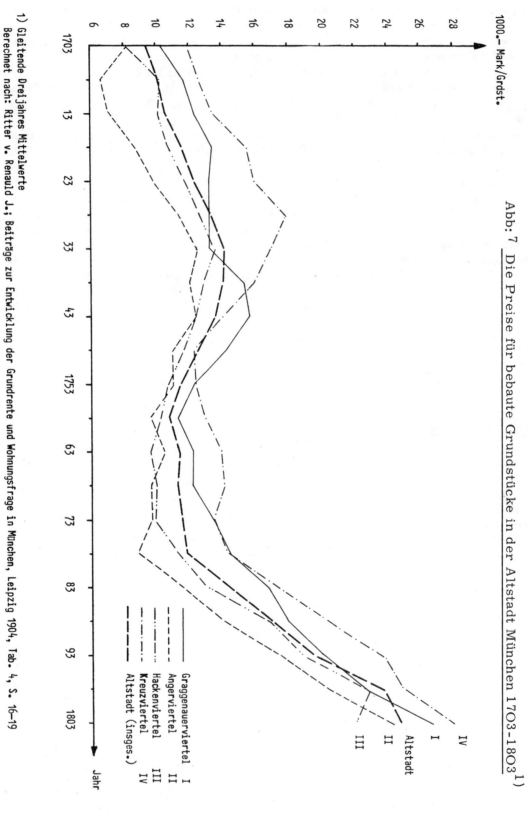

Abb: 7 Die Preise für bebaute Grundstücke in der Altstadt München 1703-1803[1]

1) Gleitende Dreijahres Mittelwerte
Berechnet nach: Ritter v. Renauld J.; Beiträge zur Entwicklung der Grundrente und Wohnungsfrage in München, Leipzig 1904, Tab. 4, S. 16-19

Graggenauerviertel I
Angerviertel II
Hackenviertel III
Kreuzviertel IV
Altstadt (insges.)

menhängende Flächen bestimmen das Bild des Kreuzviertels, kleine Grundstücke mit einem geringen Straßenfrontanteil von nur wenigen Metern ragen tief in die Baublöcke des Hackenviertels hinein. Der unterschiedliche Parzellenzuschnitt, wie er besonders kontrastreich in der Neuhauserstraße als Viertelsgrenze zutage tritt, konnte nicht ohne Einfluß auf die Bebauung bleiben. Die herrschaftlich geprägte Bausubstanz einheitlich strukturierter Fassaden des Kreuzviertels stellt bis heute einen deutlich sichtbaren Unterschied zur stark von schmalen, niedrigen, teilweise spitzgiebeligen Bürgerhäusern untergliederten Straßenfront des Hackenviertels dar. Die Preisdifferenzen in den Vierteln sind nur im Zusammenhang mit diesen sozialbedingten Unterschieden der Eigentumsstruktur des Bodens und den daraus erwachsenden Konsequenzen für die Bausubstanz zu erklären.

Neben den durchschnittlichen Preisen für die Stadtviertel sind vor allem Preise für einzelne Straßen von Interesse. Allerdings entbehren diese auf Grund der von RENAULD ermittelten Werte nicht einer gewissen Problematik. In Tab. 4 [18] werden von ihm nämlich lediglich die Mindest- und Höchstwerte bei den Erwerbspreisen für Anwesen straßenweise angegeben. RENAULD selbst verwendet letztere zur Klassifikation der Straßen des damaligen Stadtgebietes und führt aus: „Um ferner ein annäherndes Urteil über die Gunst der Lage der Straßen zu gewinnen, wurden auch die Mindest- und Höchstpreise nach Straßen in den einzelnen Vierteln ausgeschieden. Namentlich die Höchstpreise lassen wohl ein gewisses Urteil zu." [19]

Von 19 aufgeführten Straßen steht die Prannerstraße, gefolgt von der Nordseite des Tals und dem Rindermarkt, an der Spitze. Die Westseite der Theatinerstraße, die Ostseite der Sendlingerstraße und die Südseite des Tals sind die am schlechtesten bewerteten Straßen nach dieser Methode.

Mit der gleichen Rechtfertigung könnten statt der Höchstpreise die Mindestpreise zur Klassifizierung herangezogen werden, wobei sich das Bild erheblich verändern würde. Auf Grund der Überlegung, daß sowohl der niedrigste Preis als auch der höchste Preis für eine Klassifizierung Verwendung finden kann, ist es naheliegend, die Preisspanne, die durch den niedrigsten und höchsten Preis begrenzt wird, für den charakteristischen Wert zu verwenden. Hierbei liegt folgender Gedankengang zugrunde:

> Jedes Stadtviertel hat im Verlauf des 18. Jahrhunderts einen niedrigsten und höchsten Bodenwert. Die von ihnen gebildete Preisspanne wird durch das arithmetische Mittel aus allen Preisen in ein für das Stadtviertel charakteristisches Verhältnis unterteilt. Dieses Teilungsverhältnis wird auf die Preisspanne der einzelnen Straßen des betreffenden Viertels übertragen, woraus ein bisher unbekanntes arithmetisches Mittel in Form eines Präsumptivwertes für jede einzelne Straße resultiert. Der Vorteil dieses Verfahrens besteht darin, daß es sowohl den niedrigsten als auch den höchsten Wert der Straße gleichermaßen verwendet.

Bedauerlicherweise ist nur ein Teil der Straßen des damaligen Münchner Stadtgebietes bei RENAULD aufgeführt. Sie vermitteln jedoch bereits einen guten Einblick in das innerstädtische Wertgefüge (vgl. Karte 1).

Ganz deutlich tritt das für die Viertelsgliederung bestimmende Straßenkreuz — Neuhauser-, Kaufingerstraße, Marienplatz und Tal, sowie Theatinerstraße, Weinstraße, Marienplatz, Rosenstraße, Sendlingerstraße — wertmäßig hervor. Typisch für die Zeit ist die starke Differenzierung auf engstem Raum, was vielfach dazu führt, daß selbst Straßenseiten wie z. B. Neuhauserstraße, Tal, Theatinerstraße, einer unterschiedlichen Bewertung unterliegen.

Auch bei der Einzeldarstellung der Straßen tritt die bei den Durchschnittswerten für die Viertel charakteristische Höherbewertung der nördlichen Hälfte gegenüber den südlichen Stadtvierteln hervor. Insbesondere die Theatiner-, Residenz- und Prannerstraße erzielen Werte, wie sie im Zentrum der Stadt, dem Marienplatz, üblich sind. Eine Erklärung für diesen Umstand dürfte in dem von FEHN beschriebenen Übergang vom bürgerlichen zum höfischen München zu erblicken sein, der die Wandlungen des Kreuzviertels in jener Zeit prägte. Das bis dahin vom Klerus geprägte Viertel wurde zum Wohnquartier der Hofbediensteten und der Adeligen. „Noch bis ins 19. Jahrhundert, zum Teil sogar bis über die Zerstörungen des zweiten Weltkrieges hinaus, spielte das Adelspalais des 18. Jahrhunderts im Straßenbild der Theatiner-, der Promenade- oder Prannerstraße eine bedeu-

---

[18] Renauld, Ritter v. J.: a. a. O., S. 16—19.
[19] Ebd., S. 22.

tende Rolle."[20] Welche Rolle diese Entwicklung damals für den Bodenmarkt spielte, läßt sich mit der Karte gut belegen.

Neben dem Zeitquerschnitt durch das 18. Jahrhundert gestattet die Arbeit RENAULD's noch eine Preisanalyse für die zweite Hälfte des 19. Jahrhunderts auf der Basis der Stadtbezirke, die bis zur Jahrhundertwende eingemeindet waren. Zu München gehörten damals neben den alten Stadtvierteln die Stadtteile Au, Giesing, Haidhausen, Ramersdorf, Sendling, Neuhausen, Schwabing, Bogenhausen, Nymphenburg, Laim und Thalkirchen, in der Reihenfolge ihrer Eingemeindung[21].

Für die damaligen 24 Stadtbezirke läßt sich die Preisentwicklung mit Hilfe von Mittelwerten für die Zeitabschnitte 1862/1865 und 1896/1900 gegenüberstellen. Die Schwellenwerte sind dabei in genau derselben Art und Weise über die Mittelwerte miteinander verknüpft, wie dies in Kap. III. 2., S. 34 beschrieben wurde.

Die bauliche Entwicklung des 19. Jahrhunderts wird entscheidend von der durch Kurfürst Karl Theodor von der Pfalz im Jahre 1791 veranlaßten Aufgabe des Festungscharakters geprägt[22]. Während die Bevölkerung sich in der ersten Hälfte des Jahrhunderts von 40 000 Einwohnern im Jahre 1800 auf 100 000 Einwohner im Jahre 1850 mehr als verdoppelt, setzt in den darauffolgenden 50 Jahren eine sprunghafte Bevölkerungsentwicklung ein, die um die Jahrhundertwende zu knapp einer halben Million Einwohner im Stadtgebiet führt, was gegenüber 1850 einer mehr als fünf Mal so hohen Einwohnerschaft entspricht[23]. Ein gewisser Teil dieses Bevölkerungswachstums ist jedoch den Eingemeindungen dieses Zeitraums zuzuschreiben und ist somit nicht ausschließlich auf einen Wanderungsgewinn zurückzuführen, der aber zweifellos das tragende Element der damaligen Bevölkerungsentwicklung darstellt.

Entsprechend der Bevölkerungsentwicklung setzt zunächst eine mäßige Ausweitung der Baugebiete ein, welche anfänglich durch eine 5-jährige Steuerfreiheit für Neubauten belebt werden sollte[24], aber bereits damals schon nicht immer unter dem Aspekt der städtebaulich wünschenswerten Entwicklung in geregelten Bahnen verlief, was aus einer Bemerkung von RENAULD hervorgeht: „Man sah mit Bedauern, wie die entferntesten Teile der Straßenanlagen wegen des wohlfeileren Ankaufspreises der Bauplätze mit Gebäuden besetzt wurden, während für die Ausfüllung der großen Zwischenräume bis zu den der Stadt näher gelegenen Bauten nach dem Verhältnis der Bevölkerung und des Bedürfnisses kaum jemals eine Hoffnung gegeben sei."[25] Die Schönfeldvorstadt im Norden, die Max-Vorstadt mit ihrem rasterartigen Straßensystem im Nordwesten der Altstadt und die Ludwigs-Vorstadt im Südwesten zeugen von der baulichen Entwicklung in der ersten Phase des Jahrhunderts. Etwa seit der Mitte des Jahrhunderts beginnt sich die stürmische Bautätigkeit vor allem auf die Isarvorstädte (Schlachthofviertel, Glockenbachviertel, Deutsches Museum) einerseits, auf Schwabing und den Osten der Stadt andererseits zu konzentrieren. Gegen Ende des Jahrhunderts werden auch die im ersten Ring befindlichen ehemals selbständigen Dörfer in die Bebauung mit einbezogen[26].

Sowohl für Karte 2, mit der Situation von 1862/1865, als für Karte 3, mit der Situation von 1896/1900, trifft die Feststellung zu, daß die Preise vom Zentrum zum Stadtrand fallen, wobei das Kreuzviertel 1862/1865 noch immer seine Spitzenposition, die es seit dem 18. Jahrhundert inne hatte, beibehalten konnte. 1862/1865 gehören alle westlichen Stadtbezirke vom Norden bis Süden (Schwabing, Neuhausen, Nymphenburg/Laim, Westend, Sendling und Thalkirchen) zur untersten Wertkategorie, wohingegen die Stadtbezirke östlich der Isar, Bogenhausen, Haidhausen-Süd und Giesing im Durchschnitt viermal so hoch, der nördliche und südliche Teil der Au im Durchschnitt achtmal so hoch bewertet wurden. In diese Kategorie fallen auch alle übrigen, die Altstadt umgebenden Stadtbezirke, mit Ausnahme

---

[20] Fehn, H.: Münchens Weg vom Klosterdorf zur Millionenstadt a. a. O., S. 203.
[21] Vgl. ders., ebd., S. 207.
[22] Vgl. Eicher, F.: Ein Zahlenbild von München, in: Geographische Rundschau 10 (1958) S. 227.
[23] Vgl. Wagner, L.: München eine Großstadtuntersuchung auf geographischer Grundlage, Inaugural-Dissertation, Universität München, München 1931, S. 79—80.
[24] Vgl. Renauld, Ritter v. J.: a. a. O., S. 37.
[25] Ebd., S. 38.
[26] Vgl. Borcherdt, Ch.: Die Wohn- und Ausflugsgebiete in der Umgebung Münchens. Eine sozialgeographische Skizze, in: Berichte zur Deutschen Landeskunde 19 (1957) 2, S. 175.

Karte 1
Die Bodenpreise in München
Preise für bebaute Grundstücke im 18. Jahrhundert

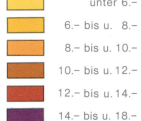

1 000 Mark/Anwesen
- unter 6.-
- 6.- bis u. 8.-
- 8.- bis u. 10.-
- 10.- bis u. 12.-
- 12.- bis u. 14.-
- 14.- bis u. 18.-
- 18.- und mehr
- Nicht bewertet

— Stadtgrenze (18. Jahrh.)

Maßstab 1 : 10 000

Quelle: Renauld, Ritter v. J.; Beiträge zur Entwicklung der Grundrente und Wohnungsfrage in München. Leipzig 1904, Tab. 4, S. 16–19
Kartengrundlage: Städtisches Vermessungsamt München 1971
Entwurf: Th. Polensky
Kartographie: F. Eder u. H. Sladkowski
Wirtschaftsgeographisches Institut der Universität München 1974
Vorstand: Prof. Dr. K. Ruppert

Geographisches Institut der Universität Kiel
Neue Universität

Karte 2
Die Bodenpreise in München
Preise für bebaute Grundstücke 1862–1865

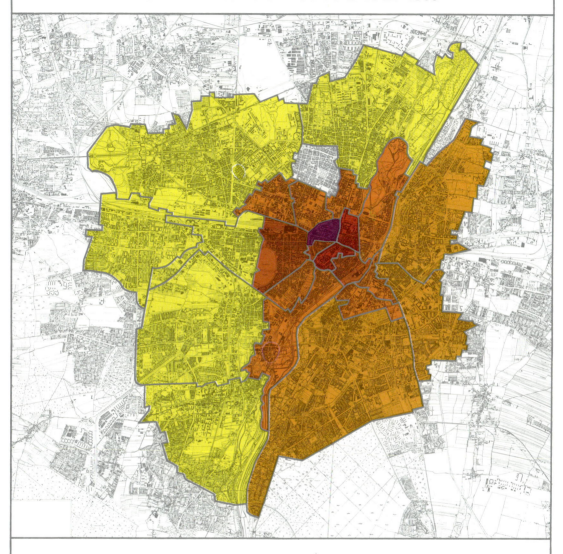

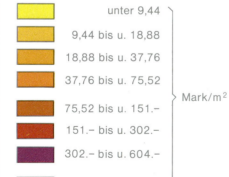

	Mark/m²
	unter 9,44
	9,44 bis u. 18,88
	18,88 bis u. 37,76
	37,76 bis u. 75,52
	75,52 bis u. 151.–
	151.– bis u. 302.–
	302.– bis u. 604.–
	Nicht bewertet

Stadt- bzw. Stadtbezirksgrenze: Gebietsstand 2. Hälfte 19. Jahrhundert

Maßstab 1:100 000

Quelle: Renauld, Ritter v. J.; Beiträge zur Entwicklung der Grundrente und Wohnungsfrage in München. Leipzig 1904, Tab. 52, S. 144–145

Kartengrundlage: Städtisches Vermessungsamt München 1966
Entwurf: Th. Polensky
Kartographie: F. Eder u. H. Sladkowski
Wirtschaftsgeographisches Institut der Universität München 1974
Vorstand: Prof. Dr. K. Ruppert

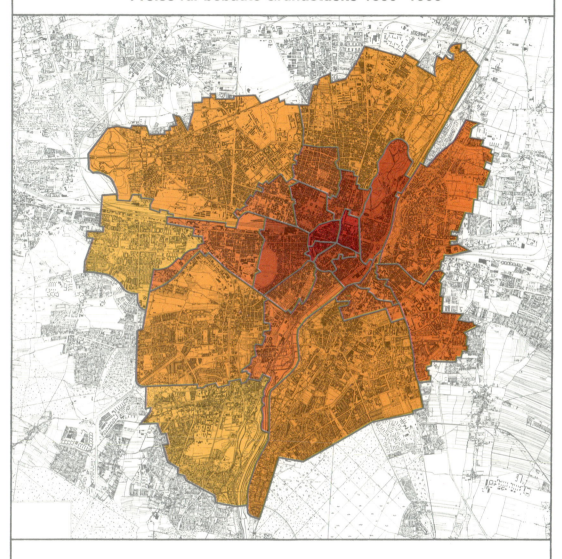

Karte 3
Die Bodenpreise in München
Preise für bebaute Grundstücke 1896–1900

33,47 bis u. 66,94	
66,94 bis u. 133,88	
133,88 bis u. 267,75	Mark/m²
267,75 bis u. 535,50	
535,50 bis u. 1 071.–	

——— Stadt- bzw. Stadtbezirksgrenze: Gebietsstand 2. Hälfte 19. Jahrhundert

Maßstab 1:100 000

Quelle: Renauld, Ritter v. J.; Beiträge zur Entwicklung der Grundrente und Wohnungsfrage in München. Leipzig 1904, Tab. 52, S. 144–145
Kartengrundlage: Städtisches Vermessungsamt München 1966
Entwurf: Th. Polensky
Kartographie: F. Eder u. H. Sladkowski
Wirtschaftsgeographisches Institut der Universität München 1974
Vorstand: Prof. Dr. K. Ruppert

des Bezirks Theresienwiese und Gärtnerplatz, die — zusammen mit dem Hackenviertel — über dem damaligen Mittelwert von ca. 75.— Mark liegen. Höhere Preise erzielen lediglich die restlichen Altstadtviertel.

Im Kontrast zur heutigen Bewertung der Innenstadt-Randgebiete nimmt sich die hohe damalige Bewertung der Bezirke Schlachthaus, Wittelsbacher Straße, Giesing, Au, Haidhausen-Süd, insbesondere des Gärtnerplatzes, besonders krass aus.

Das niedrige Preisniveau der westlichen Stadtbezirke liegt vor allem darin begründet, daß die Gemeinden Sendling, Neuhausen, Schwabing, Nymphenburg, Thalkirchen und Laim damals noch außerhalb der Stadtgrenze lagen und erst zu einem späteren Zeitpunkt einverleibt wurden.

Darüberhinaus dürfte die relativ große Entfernung zum Stadtzentrum im Vergleich zu den bereits zum Stadtgebiet gehörenden Gemeinden eine große Rolle gespielt haben. Die Tatsache, daß die erste Straßenbahn erst am 28. Oktober 1876 ihren Betrieb aufnahm, unterstützt die These, daß die große Entfernung einen preismindernden Einfluß ausgeübt hat [27].

Wesentlich verändert hat sich die Wertsituation für bebaute Grundstücke in den darauffolgenden Jahren, wie Karte 3 bezeugt. Allein der Durchschnittspreis ist von 75,52 Mark auf 267,75 Mark gestiegen, was einer Preissteigerung von 350 % im Zeitraum von knapp 35 Jahren entspricht (1862/65 = 100 %).

Wie bereits im theoretischen Teil der Arbeit angedeutet, hätten sich bei einem einheitlichen Preisanstieg aller Gebiete die Farbwerte in den beiden Karten nicht verändern dürfen. Auffallend ist zunächst das völlige Verschwinden der niedrigsten Preisstufe, wobei im Falle des Stadtbezirks Westend eine acht Mal höhere als die durchschnittliche Preissteigerung stattgefunden hat. Somit reiht sich das Westend in die gleiche Bewertungskategorie ein, wie beispielsweise Bogenhausen.

Diese Tatsache erklärt sich vor allem durch die gute und frühzeitige Anbindung an die Altstadt mit öffentlichen Verkehrsmitteln. Bereits im Jahre 1877 wurde der Stadtbezirk Westend über die Ringlinie mit Schwabing verbunden, was zu einer Aufwertung beider Stadtteile beigetragen hat, wohingegen Bogenhausen, welches schon in der ersten Periode relativ hohe Preise zu verzeichnen hatte, erst 1888 durch die Pferdebahn an das bereits bestehende Netz angeschlossen wurde [28].

Die allgemein starke Aufwertung des Stadtteils Westend, wozu nach damaliger Einteilung die Stadtbezirke Sendling, Westend, Neuhausen, Schwabing, Laim, Nymphenburg und Thalkirchen gehörten, läßt sich zunächst auf den Umstand der Eingemeindung zurückführen. Die Gründe für die damalige Eingemeindungswelle werden von MAASS wie folgt beschrieben: „Ausschlaggebend war die außerordentlich starke Bautätigkeit in Neuhausen bis an die Grenze des Stadtgebietes und die Wahrscheinlichkeit, daß sich in den Villenvierteln von Nymphenburg-Gern eine sehr steuerkräftige Bevölkerung festsetzen würde." [29] Von besonderem Interesse in diesem Zusammenhang ist die Tatsache, daß sich die Verhandlungen wegen der unerfüllbaren Forderungen der Gemeinde Nymphenburg, die sich der Finanzstärke ihrer künftigen Einwohner offenbar bewußt war, mit mehreren Unterbrechungen über einen Zeitraum von 15 Jahren erstreckte [30]. Daneben dürfte aber vor allem die in Verbindung mit einem enormen Bevölkerungswachstum zwischen 1871 und 1900 einhergehende Steigerung der Bautätigkeit in diesen Stadtbezirken für die Erklärung des Preisanstiegs in Betracht kommen. Beispielsweise stieg die Bevölkerung in Sendling in diesem Zeitraum von knapp 3 000 Einwohnern auf über 35 000. Von knapp 4 000 Einwohnern auf 25 000 bzw. 30 000 stiegen Schwabing und Neuhausen. Nymphenburg, Thalkirchen und Laim weisen dagegen einen relativ bescheidenen Anstieg von nur 2 000—3 000 Einwohnern auf [31].

Generell läßt sich die Feststellung treffen, daß die relative Preissteigerung in den seinerzeitigen Außenbezirken der Stadt wesentlich höher war als in der Innenstadt und deren Randbezirken. Zu dieser Feststellung gelangte auch bereits RENAULD: „Die relativen Steigerungen nehmen daher im geraden Verhältnis von außen nach innen ab, oder wachsen umgekehrt im geraden Verhältnis vom Zentrum nach der Peripherie." [32]

---

[27] Vgl. Renauld, Ritter v. J.: a. a. O., S. 55.
[28] Ebd., S. 55.
[29] Bericht über den Stand der Gemeindeangelegenheiten der Kgl. Haupt- und Residenzstadt München für das Jahr 1899. I. Teil Verwaltungsbericht, S. 17—20. Zitiert bei: Maaß, L., a. a. O., S. 210.
[30] Ebd., S. 210.
[31] Vgl. Renauld, Ritter v. J.: a. a. O., S. 57.
[32] Renauld, Ritter v. J.: a. a. O., S. 159 bzw. 162.

Dem starken Steigen der Randbezirke steht der lediglich durchschnittliche Preisanstieg der an die Innenstadt grenzenden Bezirke gegenüber. Nur die drei nördlichen Bezirke Ludwigstraße, Königsplatz und Max II. Denkmal weisen einen überdurchschnittlichen Preisanstieg auf. Alle übrigen beharren in ihrer Wertkategorie, d. h. sie nehmen lediglich am durchschnittlichen Wertzuwachs teil.

Die Verschiebungen innerhalb der Altstadt sind unbedeutend für die Gesamtentwicklung, weil es sich hierbei um geringfügige Änderungen im unmittelbaren Schwellenwertbereich handelt.

Die städtebauliche Entwicklungsrichtung im letzten Drittel des 19. Jahrhunderts, die sich zweifellos aus der Entwicklung der Bodenpreise herauslesen läßt, konzentrierte sich damals im wesentlichen auf westliche und nördliche Bezirke, während der Süden und Osten nur geringfügige Veränderungen erkennen läßt.

b) Das Preisgefüge 1904

Im Gegensatz zu den städtischen Bodenpreisen des 18. und 19. Jahrhunderts, ist es erstmals im Jahre 1904 möglich, statt der bisherigen Preise für bebaute Grundstücke bzw. Anwesen ein Preisgefüge der unbebauten Grundstücke für das gesamte zur Bebauung anstehende Stadtgebiet zur Darstellung zu bringen und zu analysieren [33].

MUCKENTHALER hat in seiner Funktion als Baumeister alle Straßen, zum Teil sogar Straßenabschnitte einer Bewertung unterzogen, und den jeweiligen Preis von Grund und Boden pro Quadratmeter unter gleichzeitiger Nennung der Baustaffel und der Bauweise veröffentlicht.

Der unbezweifelbare Vorteil, daß die Straßen und Straßenabschnitte einer eigenen Bewertung unterzogen wurden, zeigt sich auf den ersten Blick in Karte 4. Im Vergleich zu den Preisen für bebaute Grundstücke auf Stadtbezirksbasis, handelt es sich hierbei um ein filigran differenziertes Wertgefüge von ungleich höherer Aussagekraft. Wie in allen Bereichen der Planung wird dabei sehr deutlich, welch grobe Einteilung Verwaltungsgrenzen allgemein, Stadtbezirksgrenzen im besonderen darstellen, und wie dadurch vielfach eine Fülle von Informationen, die in den Materialien steckt, auf ein unnötiges Minimum an Aussagekraft reduziert wird. So konnte beispielsweise bei der Analyse der Karte von 1896/1900 der Eindruck erweckt werden, daß die höchsten Bodenwerte, die um mehr als das vier- oder achtfache über dem Mittelwert liegen, in München überhaupt nicht mehr vertreten sind. Daß es sich bei einer solchen Vermutung um einen Trugschluß gehandelt hätte, beweist die Karte von 1904, die zeigt, daß diese Werte sehr wohl existent sind, im Jahre 1904 aber ausschließlich auf einige Straßen der Innenstadt begrenzt sind und keineswegs flächenhaft für ganze Stadtteile auftreten.

Prinzipiell gilt auch hier, wie bei allen folgenden Preisgefügen, die bereits bei der stadtbezirksweisen Bewertung getroffene reversible Feststellung, daß die Preise ausgehend vom Stadtzentrum zum Stadtrand fallen. Allerdings ist dies durchaus nicht so einheitlich der Fall, wie es in der Theorie vielfach behauptet wird. Häufig treten Fälle auf, in denen besondere Straßenzüge in ansonsten einheitlich bewerteten Gebieten plötzlich einer höheren Bewertung unterliegen. Dies gilt gleichermaßen für die höherwertigen innerstädtischen Geschäftsstraßen wie für die bedeutenden Verbindungsstraßen, beispielsweise die Nymphenburger- oder Lindwurmstraße.

Die auf Grund der Stadtbezirkskarte gemachte Feststellung, daß sich die bauliche Entwicklung jener Jahre insbesondere nach Westen und Norden erstreckt, wird von den Muckenthaler'schen Werten eindeutig bestätigt. Während große Teile Schwabings, Nymphenburgs und Laims einer gebietsdeckenden Bewertung unterzogen worden sind, klaffen in Sendling, Thalkirchen, Giesing und Ramersdorf sowie in weiten Teilen Bogenhausens riesige Bewertungslücken, die darauf zurückzuführen sind, daß es sich hierbei um noch nicht für Zwecke der Bebauung parzellierten und erschlossenen landwirtschaftlichen Boden handelt. Ein Blick auf eine Stadtkarte, welche die damalige bauliche Situation zeigt, bestätigt diese Vermutung [34].

MAAß konstatiert in diesem Zusammenhang für die nördlichen Stadterweiterungsgebiete: „Während in allen übrigen Stadtteilen natürliche und künstliche Schranken die Aufschließung neuer Baubezirke mehr oder weniger hinderten, konnte im Norden eine rege Tätigkeit in dieser Art sich ungehindert entfalten, da hier die Ebene sich unbeschränkt fortsetzt und die vorhandenen Straßen

---

[33] Vgl. Muckenthaler. J.: Wert-Tabellen zur Berechnung des Grund- und Bodenwertes sowie der Wohngebäude in München, 1. Aufl. München 1904.

[34] Vgl. Brunn's Plan von München, München 1905.

des V. und VI. Bezirks ohne weiteres eine Fortsetzung gestatteten."[35]

Unter die künstlichen Schranken fallen vor allem die Bahndämme, die zur damaligen Zeit ein großes Entwicklungshemmnis darstellten. Die Bedeutung des Gleiskörpers als willkürliche Grenze spiegelt sich offenkundig in der Bewertung. Im Südwesten, Süden und Osten der Stadt verlaufen die Bahnanlagen nahezu parallel zur Wertgrenze von 70.— Mark/qm. Ausschlaggebend für die Entwicklung südlich der Bahn waren vor allem die Unterführungen, welche nach ihrer Errichtung zu einem merklichen Preisanstieg in dem betreffenden Gebiet geführt haben, wie das beispielsweise im südlichen Teil der Lindwurmstraße und ihren Seitenstraßen zu beobachten ist. Von besonderer Bedeutung waren diese Unterführungen für die Ausweitung des Straßenbahnnetzes, beispielsweise die Verlängerung der Linie 6 bis Neuhofen. Die generelle Elektrifizierung der Bahnen und die Neueinrichtung der Linie 11, die vom Färbergraben bis zum Isartalbahnhof führte und Anschlußmöglichkeiten an den Vorortverkehr nach Thalkirchen und Großhesselohe bot, sind in jener Zeit von entscheidendem Einfluß für die bauliche Entwicklung des Münchner Südens[36] und die Intensivierung des Ausflugsverkehrs[37]. Obgleich Solln und Großhesselohe bereits 1852 durch die Staatsbahn mit dem Stadtgebiet verbunden waren, weist BORCHERDT daraufhin, daß die Errichtung der privat betriebenen Isartalbahn 1890 erst den Anstoß für eine strukturelle Wandlung der von ihr berührten Vororte gibt[38].

Auch im Osten der Stadt erweisen sich die weitläufigen Bahnanlagen des Ostbahnhofs als deutlich in Erscheinung tretende Wert- und Entwicklungsbarriere. Daneben fällt vor allem die durchgehend niedrigere Bewertung des östlichen gegenüber dem westlichen Isarufer ins Auge. Dies läßt sich auf die Tatsache zurückführen, daß — obgleich die Vororte Haidhausen, Au und Giesing bereits 1854 eingemeindet waren — der Steilhang des östlichen Isarufers ein nur schwer zu überwindendes Verkehrshindernis darstellte. „Erst nachdem auf dem rechten Isarufer der Steilhang durch sehr kostspielige Auffahrtstraßen überwunden war, konnte sich 1891/95 in Haidhausen und 1896/1900 in Untergiesing eine rege Bautätigkeit entfalten."[39] Das verspätete Einsetzen einer flächenhaften Bebauung der östlichen gegenüber den westlichen Bezirken, die um die Jahrhundertwende schon sehr dicht bebaut waren, kommt in der Bewertung klar zum Ausdruck. Der damalige Mittelwert von 140.— Mark/qm, der für große Gebiete westlich der Isar charakteristisch ist, ist östlich der Isar — von Ausnahmen wie der Inneren Wiener Straße abgesehen — so gut wie nicht vertreten. Der gesamte Ostteil der Sadt liegt unter dem Mittelwert.

In Bezug auf die Verteilung der absoluten Preise ergibt sich daraus in vielerlei Hinsicht ein zur heutigen Situation konträres Bild. Beispielsweise wurden Grundstücke in Harlaching am südlichen Stadtrand zu billigsten Preisen unter 17,50 Mark/qm gehandelt, während im Norden Bauland i. d. R. mit einem drei- bis viermal so hohen Preis bewertet wurde. Ein Vergleich der Stadtrandbezirke zeigt, daß Laim, Thalkirchen und Giesing damals zu den billigen Stadtbezirken gehörten. Nymphenburg, Schwabing und Haidhausen gehörten zu den teureren Gegenden.

Die Innenstadt ist im Gegensatz zu den Außenbezirken wertmäßig wesentlich feiner strukturiert. Auf engstem Raum befinden sich Preisunterschiede von 560.— Mark/qm bis zu 1 800.— Mark/qm. Die hohen Wertstufen bleiben — abgesehen von der Ludwig-, Maximilian- und Bayerstraße — auf die Innenstadt beschränkt. Ein wertmäßig erkennbarer Ansatz zur Subzentrenbildung ist nicht vorhanden. Der Feilitzschplatz oder der Rotkreuzplatz sowie die Fürstenriederstraße in Laim weisen durchweg keine höhere Bewertung als die unmittelbar angrenzenden Gebiete auf. Dies läßt den Schluß zu, daß die Funktion des Handels damals weitgehend auf die Innenstadt begrenzt war, wenn man von den Geschäften des täglichen Bedarfs, die wertmäßig nicht so stark in Erscheinung zu treten pflegen, absieht.

c) Das Stoppreisgefüge 1936

Um die Mitte der 30-er Jahre hat sich das Stadtgebiet gegenüber 1904 ganz wesentlich vergrößert. Die Stadtgrenze verläuft in weiten Bereichen be-

---

[35] Maaß, L.: a. a. O., S. 404.
[36] Vgl. ebd., S. 397.
[37] Vgl. Borcherdt, Ch.: Die Wohn- und Ausflugsgebiete in der Umgebung Münchens, a. a. O., S. 181 ff.
[38] Vgl. Borcherdt, Ch.: Der Wandlungsprozeß der Bebauung großstädtischer Villenvororte erörtert am Beispiel von München-Solln, in: Die Erde 103 (1972) 1, S. 50.
[39] Maaß, L.: a. a. O., S. 393.

reits identisch mit der heutigen Grenze. In der zeitlichen Reihenfolge der Eingemeindung kamen folgende Gemeinden zum Stadtgebiet: Forstenried, Milbertshofen, Berg am Laim, Moosach, Oberföhring, Perlach, Daglfing, Freimann, Trudering und Riem.

Als besonders vorteilhaft für den Preisvergleich mit späteren Zeiträumen erwies sich die Tatsache, daß die damaligen Bewerter weit über die Grenzen des ehemaligen Stadtgebietes hinaus bewertet haben [40]. Während 1904 die Durchschnittspreise für den Quadratmeter bei 140.— Mark lagen, zahlte man 1936 im Durchschnitt 25.— RM/qm. Der starke Preisrückgang läßt sich einmal auf die in Kap. II, 2., S. 15—16 getroffene Feststellung zurückführen, daß sich die Preise in diesen Jahren allgemein auf einem sehr tiefen Niveau befanden. Zum anderen ist das in den zur Eingemeindung anstehenden Gemeinden [41] vorhandene große Reservoir an preiswertem Bauland für den niedrigen Durchschnittspreis verantwortlich.

Unterzieht man die beiden Bodenpreiskarten von 1904 und 1936 einer Analyse, so fällt neben der Vergrößerung der bewerteten Flächen zunächst einmal das starke Anwachsen der beiden höchsten Wertstufen in der Innenstadt auf. Dieser Vorgang ist auch auf den Innenstadtrand nicht ohne Konsequenzen geblieben. Weite Teilgebiete, die 1904 mit Bodenpreisen unter dem durchschnittlichen Wert ausgezeichnet waren, sind 1936 in Preiskategorien hineingeraten, die über dem Durchschnittspreis liegen.

Das bedeutet, daß die Innenstadt und die Innenstadtrandgebiete trotz des Absinkens der Durchschnittswerte eine starke, flächenhaft ausgreifende Preissteigerung erfahren haben.

Dies ist aber keineswegs ausschließlich auf ein Anwachsen von Handel und Gewerbe zurückzuführen, denn in der Innenstadt herrschte — ähnlich wie um die Jahrhundertwende — auch 1936 das gemischt genutzte Geschäftshaus vor, dessen Parterre und vereinzelt auch erster Stock von Handel und Gewerbe okkupiert waren, alle übrigen Stockwerke dienten damals überwiegend der Wohnnutzung. Die Ausdehnung betrieblicher Nutzung auf das erste Obergeschoß ist fast ausschließlich auf die mittlere und nördliche Altstadt begrenzt [42]. Verwaltungsgebäude und reine Geschäftshäuser existieren nur in wenigen Ausnahmefällen [43].

Der Preisanstieg läßt sich also kaum durch eine starke Verdichtung von Betrieben des tertiären Sektors erklären. KOENIG gelangt sogar zu der Überzeugung, daß kein Stadtteil Citycharakter besitzt [44], wobei City für ihn gleichbedeutend zu sein scheint mit völliger Verdrängung der Wohnnutzung. Das bedeutet aber, daß die starke Preissteigerung der Innenstadt und ihrer Randgebiete zwischen 1904 und 1936 zu einem erheblichen Teil auf eine Attraktivitätssteigerung als Wohngebiet zurückzuführen ist.

Bei der genauen Beobachtung der Bodenpreise am Stadtrand hat sich gegenüber 1904 eine regelrechte Umorientierung vollzogen. Während 1904 die niedrigsten Bodenpreise im Süden und Westen vorzufinden waren, wohingegen der Norden und Osten relativ hohe Preise aufzuweisen hatten, erscheinen auf der Karte von 1936 die südlichen und westlichen Stadtteile eindeutig höher bewertet als die nördlichen und östlichen. Zu den bevorzugten Stadtrandwohngemeinden des Jahres 1936 zählen demnach Harlaching, Solln und Obermenzing, während der Boden in Trudering für heutige Verhältnisse ausgesprochen billig gehandelt wurde.

Hinter dieser Wertverlagerung verbirgt sich eine Regelhaftigkeit der Siedlungsexpansion, die von BORCHERDT am Beispiel von Solln aufgezeigt worden ist, die aber typisch für eine Reihe weiterer Gemeinden des Isartals ist, wie z. B. Harlaching [45]. Derartige Entwicklungen kennzeichnen jedoch auch andere Orte in der näheren Umgebung von München, wie beispielsweise die Mühltalgemeinden.

---

[40] Vgl. Baumann, F., Bader, W.: Baustellenwerte der Hauptstadt der Bewegung. (Unveröffentlichte Stoppreissammlung für das gesamte Stadtgebiet) München 1936.

[41] Riem wurde bereits 1937 eingemeindet; Feldmoching, Ludwigsfeld, Allach, Untermenzing, Obermenzing, Pasing, Großhadern und Solln folgten 1938.

[42] Die Kenntnis der damaligen innerstädtischen Nutzungsverhältnisse basiert auf einer Arbeit von Burchard, J., welche er im Auftrag des Wiederaufbaureferats der Stadt München Ende der 40-er Jahre angefertigt hat. Die Ergebnisse werden zusammengefaßt von Koenig, H.: Beiträge zur Soziographie Münchens, München 1949/50, S. 111 ff.

[43] Vgl. Steinmüller, G.: Der Münchner Stadtkern, in: Mitteilungen der Geographischen Gesellschaft in München (1958) 43, S. 15.

[44] Vgl. Koenig, H.: a. a. O., S. 113.

Noch Mitte des 19. Jahrhunderts führen die Dörfer um München herum ein weitgehend selbständiges Eigenleben. Dies beginnt sich um die Jahrhundertwende zu ändern. Der billige Boden dieser Gemeinden lockt die ersten Bauwilligen in diese landschaftlich reizvollen Lagen, die sie von Ausflügen in die Umgebung Münchens kennen[46]. Die Preiswürdigkeit der Grundstücke ermöglicht im Gegensatz zum Stadtgebiet noch Villenbebauung, welche in Nymphenburg oder Bogenhausen bereits zum damaligen Zeitpunkt wesentlich teurer zu stehen kommt. Während sich die allmählich wachsende Bausubstanz des Dorfes mit ihren neuen Villen in Richtung auf die Stadt voranschiebt, drängt die Stadt mit ihrer vorwiegend mehrgeschossigen Bauweise in Richtung auf den Villenvorort, womit die zwischen Dorf und Stadt gelegene, bisherige landwirtschaftliche Nutzfläche sukzessiv in Bauland umgewandelt wird.

„Bedeutsam ist der Ausflugsverkehr für Solln und für das ganze stadtnahe Isartal insofern gewesen, als bei vielen Ausflüglern der Wunsch nach dem Wohnen in einem landschaftlich schön gelegenen Vorort entstand, den freilich nur manche in die Tat umsetzen konnten."[47] Dieser Wunsch hat in den 20-er und 30-er Jahren begreiflicherweise zu einem rapiden Anstieg der Bodenpreise geführt. Als Folge davon begann über den Preisanstieg allmählich ein sozialer Sortierungsprozeß wirksam zu werden, der im wesentlichen nur noch begüterten Bevölkerungskreisen gestattete, in diese Villenvororte zu ziehen.

Bezeichnenderweise ist dieser Prozeß vor allem auf die südlichen Stadtbezirke beschränkt. Die westlichen, nördlichen und östlichen Stadtrandbezirke haben keine vergleichsweise Preisentwicklung aufzuweisen. Große Flächen sind mit der niedrigsten Stufe von weniger als 3,13 RM/qm bzw. der zweitniedrigsten Kategorie von weniger als 6,25 RM/qm bewertet, während die südlichen Bereiche doppelt so hoch bis zu 12,50 RM/qm bewertet sind.

Aus dieser Erscheinung läßt sich auf die enge Verbindung von Ausflugs- und Naherholungsgebiet und späterem bevorzugten Wohngebiet schließen. Beide Aspekte sind bei künftigen Entwicklungsfragen innerhalb der Raumordnung in engem Zusammenhang zu sehen.

Von besonderem Interesse ist ferner die Tatsache, daß die alten Wert- und Entwicklungsbarrieren des Jahres 1904 sich nach wie vor deutlich im Wertgefüge abzeichnen. Zwar sind die Schwellenwerte durchwegs um mindestens eine Stufe angehoben worden, jedoch tritt sowohl die Isar als natürliche Grenze, die Bahnlinie Richtung Rosenheim als künstliche Wertgrenze immer noch hervor. Die Bedeutung dieser Grenzen als Verkehrshindernisse und damit als hemmendes Element der baulichen Entwicklung dürfte 1936 längst überwunden sein, trotzdem haben sich die Strukturen der alten Wertgrenzen fast unverändert erhalten. Gleichzeitig haben sich im Norden der Stadt die Wertbereiche ungehindert verschieben, d. h. von innen nach außen ausbreiten können.

Im Gegensatz zum Wertgefüge von 1904 finden sich im Ansatz Tendenzen einer beginnenden Subzentrenbildung, vor allem in den alten Dorfkernen, die vielfach entweder Endhaltestellen oder wichtige Knotenpunkte der öffentlichen Verkehrsmittel darstellen.

Pasing, welches zum damaligen Zeitpunkt zwar noch nicht eingemeindet war, hat innerhalb des Bewertungsgebietes einen deutlichen Preisanstieg um den Marienplatz und in der Nähe des Bahnhofsgebäudes zu verzeichnen. Ähnliche Entwicklungen läßt der Ortskern von Moosach, der Rotkreuzplatz, der Feilitzschplatz, das Gebiet um den Ostbahnhof und in Ansätzen auch der Harras erkennen.

Zusammenfassend läßt sich im Vergleich mit 1904 feststellen, daß — von ganz wenigen Ausnahmen abgesehen — das gesamte ehemalige Stadtgebiet eine überdurchschnittliche Wertsteigerung in Bezug auf Grund und Boden erfahren hat, obgleich der Durchschnittspreis für das gesamte Stadtgebiet gefallen ist.

d) Das Richtwertgefüge 1960

Im Gegensatz zu 1936 hat sich das Stadtgebiet letztmalig erweitert. Im Jahre 1938 wurden die Gemeinden Feldmoching, Ludwigsfeld, Allach,

---

[45] Vgl. Borcherdt, Ch.: Der Wandlungsprozeß der Bebauung großstädtischer Villenvororte erörtert am Beispiel von München-Solln, a. a. O., S. 58.

[46] Vgl. die billigen Grundstückspreise in Harlaching um das Gebiet der Menterschwaige, die zu den niedrigsten (unter 17,50 Mark/qm) im ganzen Stadtgebiet gehören.

[47] Borcherdt, Ch.: Der Wandlungsprozeß der Bebauung großstädtischer Villenvororte erörtert am Beispiel von München-Solln, a. a. O., S. 51.

Untermenzing, Obermenzing, Pasing, Großhadern und Solln eingemeindet.

Prinzipiell ist der Richtwert als gebietstypischer Lagewert nur bedingt vergleichbar mit Bodenpreisen für unbebaute Grundstücke, wie sie bisher bei der Darstellung der Wertgefüge Verwendung gefunden haben. Die Richtwerte stellen im Gegensatz zu den Preisen Durchschnittswerte dar, die für ein Gebiet einheitlicher Bewertung typisch sind. Die Festsetzung derartiger Richtwerte wird von der Geschäftsstelle des Gutachterausschusses der Landeshauptstadt München an Hand von realen Verkaufspreisen vorgenommen.

Im Gegensatz zu 1904 und 1936 bleiben eine Reihe von Stadtgebieten unbewertet, obgleich deutlich sichtbar eine bauliche Verwertung der Flächen erfolgte. Dies ist zum Teil darauf zurückzuführen, daß die bauliche Situation aus dem Jahre 1971 stammt, während die Bewertung 1960 erfolgte, d. h. Bewertung und Situation können zeitlich divergieren, wie das am Beispiel der Parkstadt Bogenhausen oder Fürstenried zu belegen ist.

Andererseits werden vom Gutachterausschuß insbesondere Flächen, die sich im Besitz der öffentlichen Hand befinden, und Sondergebiete (z. B. Militärgelände und Wohngebiete ausländischer Streitkräfte), die seit Jahren, vielfach seit Jahrzehnten keinen Verkauf aufzuweisen haben, von einer Bewertung ausgenommen, so daß keine Richtwerte dafür vorliegen [48].

Karte 6, welche die Bodenpreissituation 1960 verdeutlicht, vermittelt gegenüber den Bodenpreisgefügen von 1904 und 1936 einen optisch völlig anderen Eindruck. Während in den Jahrgängen vor dem 2. Weltkrieg alle 8 Farben relativ gleichmäßig im Stadtgebiet verteilt waren, was auf eine flächenproportionale Verteilung aller Wertkategorien zurückzuführen war, beginnen 1960 die Rottöne vorzuherrschen, welche in unmittelbarer Nähe des Mittelwertes von 127.— DM/qm liegen.

Diese starke Verbreitung der dem Mittelwert am nächsten gelegenen Wertstufen ist auf zwei besonders deutlich hervortretende Veränderungen im Wertgefüge zurückzuführen:

1. Die beiden unteren Wertstufen von weniger als 25 % des Mittelwertes sind mit Ausnahme einiger nördlicher Bereiche völlig aus dem Stadtbild verschwunden.

2. Die Höchstwerte, insbesondere die beiden letzten Stufen der Wertskala mit Preisen von mehr als 400 % über dem Mittelwert, haben sich gegenüber 1936 vor allem aus der Isarvorstadt und dem Lehel und südlichen Teilen der Maxvorstadt zurückgezogen.

Die Erklärung für das Fehlen der niedrigen Wertstufen ist in der Tatsache zu erblicken, daß sich der Baulandmarkt in zunehmendem Maße auf die Region erstreckt, wobei zunächst einmal die Gemeinden in unmittelbarer Nähe des Stadtgebietes in Betracht kommen [49].

Die Kontraktion der hohen Bodenpreise auf die Altstadt und die nördlich und südlich an den Hauptbahnhof angrenzenden Gebiete ist weit schwieriger zu interpretieren. Die Attraktivität des innerstädtischen Wohnens, wie sie Mitte der 30-er Jahre für weite Gebiete der Innenstadt festgestellt werden konnte, hat nicht nur bedingt durch die Folgen des Weltkrieges gelitten, vielmehr sind nach Überwindung der ersten Wiederaufbauphase die Ansprüche an den Wohnraum gestiegen, deren Befriedigung in dieser vielfach überalterten Bausubstanz nicht möglich erscheint. Die konsequente Folge dieser im Verlauf der 60-er Jahre verstärkt einsetzenden Tendenz ist eine relative Abwertung dieser Gebiete, wie sie wertmäßig deutlich im Rückzug der hohen Werte auf die Altstadt zum Ausdruck kommt.

Für die Konzentration höchster Werte auf kleinstem Raum ist jedoch noch eine andere Erscheinung verantwortlich, die verstärkt im wirtschaftlichen Aufschwung der Nachkriegszeit einsetzt, die Citybildung. Einer Feststellung von STEINMÜLLER zufolge, hat sich die City alten Stils, wie sie für 1936 beschrieben wurde, bis zum 2. Weltkrieg erhalten, d. h. „daß die Ausformung eines alleinigen Wirtschafts- und Verwaltungszentrums unter Wegverlegung der Wohnungen eine Nachkriegserscheinung ist" [50]. Im Gegensatz zur Zeit vor dem Krieg, in der die gemischte Nutzung die Münchner Innenstadt prägt, werden im Zuge des Wiederaufbaus ganze Straßenzüge mit Geschäfts- und Bürohäusern, Banken und Versicherungen,

---

[48] Um welche Flächen es sich dabei im einzelnen handelt, kann den an verschiednen Stellen publizierten Flächennutzungsplänen entnommen werden. Vgl. Baureferat der Landeshauptstadt München: Bauen in München 1960 bis 1970, München 1970, S. 16 ff.
[49] Vgl. Ausführungen in Kap. IV. 2.
[50] Steinmüller, G.: a. a. O., S. 16.

Hotels und Vergnügungsbetrieben bebaut[51]. Die Herausbildung von Vierteln, die überwiegend von einer speziellen Nutzungsart geprägt werden, ist jedoch bereits auf eine Ende der 30-er Jahre sich abzeichnende Entwicklungstendenz zurückzuführen[52], die jedoch erst in der Nachkriegszeit sehr deutlich in Erscheinung tritt.

Die Verdichtung einzelner Branchen an bestimmten Standorten, die nach RUPPERT als selektive Konzentration bezeichnet wird[53], ist jedoch innerhalb des Stadtgebietes nicht nur auf die City beschränkt, sondern auch bereits im Subzentrum Münchner Freiheit, dem höchstwertigen Münchner Nebenzentrum anzutreffen. Die Subzentren haben sich im Vergleich zu 1936 wertmäßig gegenüber den angrenzenden Straßen weiter profiliert, obgleich sie untereinander noch keine bemerkenswerte Differenzierung aufzuweisen haben.

e) Das Richtwertgefüge 1971/72

Der Durchschnittspreis im Stadtgebiet beträgt, wenn alle Grundstücke gleichermaßen berücksichtigt werden, 536.— DM/qm. Die überwiegende Zahl der bewerteten Flächen fällt in die Kategorie 268.— bis 536.— DM/qm. Diese Wertstufe umgibt die innerstädtischen Wohngebiete und das Zentrum nahezu hufeisenförmig, mit einer Öffnung des Wertgürtels im Süden der Stadt, wo insbesondere die bevorzugten Wohnlagen Solln und Harlaching wertmäßig heraustreten, weil sie bereits in die Kategorie 536.— bis 1 072.— DM/qm fallen.

In dieser höheren Kategorie befinden sich gleichermaßen alle besonders begehrten Wohngebiete wie Nymphenburg-Gern, nördliche Bereiche Schwabings, der Herzog-Park sowie Bogenhausen. Hierein fallen jedoch auch innerstädtische Wohngebiete, wie z. B. Teile von Haidhausen, Sendling, das Westend oder Neuhausen. In weiten Teilbereichen von Neuhausen sind aber schon Preise von 1 072.— DM bis 2 144.— DM/qm anzutreffen, wie sie für Schwabing, die Maxvorstadt, das Lehel, die Isarvorstadt und das Wiesenviertel typisch sind. Die beiden höchsten Stufen mit Preisen über 2 144.— DM/qm sind im wesentlichen auf die Altstadt und die nördlich und südlich des Bahnhofs gelegenen Straßen beschränkt, womit sie in groben Zügen das zentrale Geschäftsgebiet umreißen.

Der Wertbereich von 134.— bis 268.— DM/qm ist zwar bereits die dritthöchste Kategorie der Wertskala, sie weist aber — von wenigen Ausnahmen abgesehen — den billigsten Boden im Stadtgebiet aus. Aubing, Ludwigsfeld, Allach und Feldmoching fallen ebenso in diesen Bereich wie Trudering und Perlach. Die niedrigsten Wertstufen von weniger als 67.— DM/qm bzw. 67.— bis 134.— DM/qm sind fast völlig aus dem Wertgefüge verschwunden. Darin wird letztlich die bereits bei der Interpretation des Wertgefüges von 1960 angedeutete Vermutung bekräftigt, daß die unteren Wertstufen im Verlauf der Jahrzehnte aus dem Stadtgebiet in die Region verdrängt werden, wie dies sehr deutlich an den Karten aus dem Jahre 1904, 1936, 1960 und 1971/72 sichtbar geworden ist.

Die allmähliche Verdrängung der unteren Wertstufen aus dem städtischen Preisgefüge deutet aber auf eine weitere Gesetzmäßigkeit bei der zeitlichen Veränderung der Wertgefüge hin. Da der einstufige Schwellenwertwechsel (Farbwechsel) jeweils eine durchschnittliche Preissteigerung von 100 % oder — im entgegengesetzten Fall — eine Preisminderung von 50 % darstellt, ist der Stadtrand auf Grund der Wertstufenverdrängung eindeutig der Ort der größten relativen Preissteigerungen im Stadtgebiet. Dieser Prozeß läßt sich in allen Jahren sehr gut beobachten. Allerdings unterliegt diese Aussage einer gewissen Differenzierung, denn der relative Preisanstieg des Stadtrandes ist — wie die Karte 7 deutlich zeigt — im Verlauf der Jahre im Süden und Südwesten sowie im Nordosten, insbesondere Bogenhausen, wesentlich weiter fortgeschritten als im Südosten, Nordwesten und Norden des Stadtgebietes.

Im innerstädtischen Wertgefügebereich hingegen ist ein Beharren in den Schwellenwerten festzustellen, obgleich die Entwicklung im Stadtkern nicht immer einheitlich verlief. 1904 bis 1936 war zunächst ein mäßiger relativer Preisanstieg zu verzeichnen, der dann aber in das Gegenteil umgeschlagen ist; die höchsten Bodenwerte begannen

---

[51] Vgl. Steinmüller, G.: a. a. O., S. 20.
[52] Vgl. Koenig, H.: a. a. O., S. 111 ff.
[53] Vgl. Ruppert, K.: Stadtgeographische Methoden und Erkenntnisse zur Stadtgliederung, in: Die Gliederung des Stadtgebietes. Veröffentlichungen der Akademie für Raumforschung und Landesplanung; Forschungs- und Sitzungsberichte Bd. 42, Raum und Bevölkerung, 7, Hannover 1968, S. 215.

sich auf die Altstadt zurückzuziehen. Störend in Bezug auf eine allgemeingültige Aussage wirkt sich vor allem die offene Klasse des höchsten Schwellenwertes aus. Es steht jedoch auf Grund der Beobachtungen in den einzelnen Jahren außer Zweifel, daß der relative Preisanstieg im Stadtinneren weit geringer ist als am Stadtrand.

Als besonderer Vorteil für die Interpretation erweist sich der Umstand, daß im Vergleich zu den bisherigen Jahrgängen zwischen 1960 und 1971/72 keine Währungsänderung erfolgte. Aus der Veränderung der Durchschnittspreise von 127.— DM/qm auf 536.— DM/qm läßt sich ableiten, daß alle Grundstücke des Stadtgebietes im Durchschnitt um etwas mehr als das Vierfache im Preis angestiegen sind. Einige Lagen haben einen stärkeren Anstieg zu verzeichnen gehabt, wie dies vor allem im Farbwechsel am Stadtrand — beim Vergleich der Karten 6 und 7 — sichtbar wird. Andere Gebiete, wie z. B. das Westend, sind unter dem durchschnittlichen Preisanstieg geblieben.

Die Subzentren, die seit 1936 in zunehmendem Maße wertmäßig stärker in Erscheinung treten, beginnen sich immer deutlicher von den umgebenden Gebieten abzuheben und sich auch untereinander preislich zu differenzieren. Erstmals weisen dabei der Feilitzschplatz (Münchner Freiheit), die Leopold- und die Hohenzollernstraße und der Rotkreuzplatz Bodenpreise der vorletzten Wertkategorie zwischen 2 144.— und 4 288.— DM/qm auf, wie sie bisher für die Altstadt kennzeichnend waren und auch 1971/72 im Stadtgebiet an keiner anderen Stelle anzutreffen sind. Dies deutet vor allem darauf hin, daß die genannten Zentren im Laufe der Jahrzehnte stetig an Bedeutung zugenommen haben und zum gegenwärtigen Zeitpunkt ein in manchen Bereichen der City vergleichbares Niveau erreichten. Dies trifft mit Sicherheit nicht für die höchstwertigen Lagen zu, wie beispielsweise Stachus, Neuhauser-, Kaufingerstraße oder Marienplatz, aber für Randlagen, z. B. den Isartorplatz oder Teilbereiche des Hackenviertels. Der Wertanstieg symbolisiert zumindest für die Münchner Freiheit Ansätze eines überregionalen Einzugsbereiches, wie er für das innerstädtische Geschäftszentrum selbstverständlich ist, und kann nur in engem Zusammenhang mit der durch den U-Bahn-Bau bedingten außerordentlich guten Verkehrsanbindung gesehen werden.

Das Subzentrum Münchner Freiheit steht in der wertmäßigen Hierarchie eindeutig an der Spitze aller Nebenzentren. Daran schließt sich der Rotkreuzplatz an, der zwar den gleichen Schwellenwert erreicht, aber hinsichtlich der räumlichen Ausdehnung weit weniger ausgeprägt ist. Eine Stufe darunter folgen die Gebiete um den Weißenburger Platz, die Tegernseer Landstraße im Bereich der Deisenhofener- und Werinherstraße, und der Harras. Mit wesentlich größerer Entfernung zum Zentrum, aber vergleichbarer Wertausprägung sind die alten Ortskerne von Pasing und Moosach, der Romanplatz und die Fürstenriederstraße zu nennen.

Die Entwicklung der Subzentren im Sadtgebiet München in diesem Jahrhundert ist für die Theorie, die sich mit der Erklärung von Entstehung und Wandlung städtischer Strukturen ganz allgemein beschäftigt, von besonderem Interesse. Das monozentrische Wertgefüge von 1904 weist sowohl Merkmale der von BURGESS konzipierten Zonentheorie auf, denn die Preise fallen ohne große Unterbrechung vom Zentrum zum Stadtrand mit zunehmender Entfernung. Dies geschieht jedoch nicht einheitlich. Die nördlichen Teile des Stadtgebietes sind vergleichsweise zu den entsprechenden östlichen, südlichen und westlichen Gebieten wesentlich höher bewertet, was auf den Einfluß einer sektoralen Komponente im Sinne von HOYT bei der Ausprägung des Wertgefüges zurückzuführen ist. Die auf ein Zentrum ausgerichtete sektorale Struktur des Wertgefüges läßt sich auch aus den Preisen des 18. Jahrhunderts in Karte 1 sehr gut nachvollziehen.

Im Verlauf des städtischen Wachstums während des ersten Drittels dieses Jahrhunderts, welches von einer großen Anzahl Eingemeindungen begleitet wird, bilden sich — bevorzugt in den Kernen der ehemals selbständigen Dörfer — Ansätze eines mehrkernigen Wertgefüges in Anlehnung an die Konzeption von HARRIS und ULLMAN heraus. Was 1936 vom Wertgefüge nur andeutungsweise dokumentiert wird, tritt 1960 und vor allem 1971/72 deutlich in Form einer differenzierten Subzentrenbewertung in den Vordergrund.

Es hat jedoch den Anschein, daß das vielgestaltige städtische Wertgefüge von München die Verkörperung eines Konglomerates aller drei Gliederungsprinzipien darstellt, wobei je nach Lage im Stadtgebiet mal das eine Prinzip und mal das andere etwas in den Vordergrund rückt. Nach wie vor fallen die Preise vom Zentrum zum Stadtrand. Gegenüber 1904 wird dieses Absinken aber von einem mehr oder weniger stark ausgeprägten Preisanstieg in den betreffenden Subzentren unterbrochen, wie Karte 7 zeigt. Für die Ausprägung von Wertsektoren spricht vor allem der hufeisenförmige Verlauf der unteren Preis-Mittelwertstufe mit der Öffnung nach Süden, welche sich seit 1936 durch einheitlich höhere Bewertung auszeichnet.

2. Die Markt- und Preisentwicklung in München und den Gemeinden der Region in den Jahren 1962—68

Wie bereits an anderer Stelle eingehend erörtert[54], führt die Betrachtung des städtischen Bodenmarktes innerhalb eines Ballungsraumes wie der Region München bestenfalls zu einer Partialanalyse[55]. Die Spitze eines Eisberges (es sei der Vergleich gestattet), dessen unsichtbare Teile bis weit in die Region hineinreichen, ist sichtbar geworden, der überwiegende Teil blieb verborgen.

Die genaue Kenntnis der Vorgänge auf dem Gesamtmarkt ist nicht nur für die Stadtplanung, sondern insbesondere für die Regionalplanung von entscheidender Bedeutung.

BECK ist der Ansicht, daß die Veränderung der Baulandpreise einer der wichtigsten Indikatoren sei, welche die Entwicklung und Dynamik eines Raumes, besonders eines Verdichtungsraumes anzeigen[56]. Während hierbei insbesondere auf die zeitliche Veränderung des Indikators Bodenpreise abgestellt wird, ist für den Raumplaner generell die Kenntnis des Preisgefüges zu einem bestimmten Zeitpunkt, aber speziell die Marktintensität von ganz besonderem Interesse.

Zur Charakterisierung raumrelevanter Strukturen und Prozeßabläufe werden vielfach statistische Daten herangezogen, deren Erhebung häufig schon Jahre zurückliegen, bevor sie zugänglich werden und damit an Aktualität erheblich eingebüßt haben. WURZER konstatiert, daß derartigen Untersuchungsmethoden neben außerordentlichen Vorteilen zwangsläufig ein für den Raumplaner nicht unbedeutender Nachteil anhaftet: „Sie beruhen auf statistischen Grundlagen, die auf Grund *bereits vollzogener raumrelevanter Vorgänge* erarbeitet werden können."[57] Neben der Kenntnis abgelaufener Prozesse ist die Erfassung künftiger raumrelevanter Vorgänge von ausschlaggebendem Interesse. Detaillierte Informationen über das Bodenmarktgeschehen erhalten unter diesem zukunftbezogenen Aspekt eine zentrale Bedeutung für die Planung. Es wird in diesem Zusammenhang mit Recht immer wieder darauf verwiesen, „daß die Siedlungsentwicklung in jedem Gebiet nicht mit der Genehmigung oder Ablehnung eines Bauvorhabens ihren Anfang nimmt, sondern zweifellos bereits mit dem Grunderwerb"[58]. Um die möglichen Entwicklungstendenzen noch früher erkennen zu können, ist insbesondere auch die Ausweisung von Baulandflächen in Flächennutzungsplänen seitens der Gemeinden laufend zu verfolgen; denn je früher die Entwicklungen registriert werden, umso schneller kann insbesondere die überregionale Planung die sich auf dem Baulandmarkt andeutenden Tendenzen in ihren Zielvorstellungen berücksichtigen. Das frühzeitige Erkennen raumrelevanter Vorgänge in Bezug auf die künftige Siedlungsentwicklung ist letztlich Voraussetzung einer wirkungsvollen und fruchtbaren Arbeit der Planung; denn die im Landesplanungsbereich der Kärntner Landesregierung gemachte Beobachtung, wonach öfter festzustellen war, „daß selbst umfassende Strukturanalysen und gründlich durchgearbeitete Raumplanungen in wesentlichen Teilen vor allem deshalb wirkungslos geblieben sind, weil die jede zukünftige räumliche Entwicklung bereits präjudizierende Intensität und Ausrichtung des Grundstück- und Reali-

---

[54] Vgl. Kap. II 3 c.

[55] Der Zeitraum 1962—68 erklärt sich aus der Tatsache, daß es sich bei den für die Untersuchung benötigten Daten um unveröffentlichtes Material des bayerischen Statistischen Landesamtes handelt. 1962 ist das erste Berichtsjahr der Baulandpreisstatistik. Das Jahr 1969 und die 70-er Jahrgänge befanden sich zum damaligen Zeitpunkt noch nicht auf dem gleichen Gebietsstand wie der Zeitraum 1962—68.

[56] Vgl. Beck, H.: Die Entwicklung der Baulandpreise von 1956—1969 in einem Verdichtungsraum — dargestellt am Beispiel von Nürnberg-Fürth, in: Informationen 20 (1970) 21, S. 653.

[57] Wurzer, R.: Verfeinerung der Abgrenzung von Stadtregionen auf Grund der Intensität des Grundstück- und Realitätenmarktes. Beiträge zur Raumforschung. Festschrift zum 60. Geburtstag von Hans Bobek. Schriftenreihe der Österreichischen Gesellschaft zur Förderung von Landesforschung und Landesplanung, 2 (1964) S. 103.

[58] Wurzer, R.: a. a. O., S. 103.

tätenmarktes nicht bekannt war und deshalb auch keine Berücksichtigung finden konnte"[59], ist kein Spezifikum des Österreichischen Nachbarlandes. Immer wieder wird in der Literatur betont, daß der Bodenpreis auf nahezu jede Veränderung im Verdichtungsraum ohne großen zeitlichen Abstand reagiert, und somit einen der umfassendsten Indikatoren darstellt, weil die meisten Verdichtungsprozesse mit wachsenden Flächenansprüchen verbunden sind[60].

a) Das Preisgefüge der landwirtschaftlichen Nutzfläche 1965

Die Darstellung der verschiedenen Baulandarten und ihre Auswirkungen auf den Preis[61] haben gezeigt, daß der Preis für landwirtschaftlich genutzten Boden zu steigen beginnt, je größer die Aussicht auf bauliche Verwertbarkeit des Bodens wird. Die räumliche Konsequenz dieser Aussage besteht in der Tatsache, daß insbesondere in Ballungsgebieten, die sich i. d. R. durch einen akuten und permanenten Baulandmangel auszeichnen, das Ausgangspreisniveau für Bauland in den Höchstpreisen für landwirtschaftliche Nutzfläche (LN) zu erblicken ist. Das Preisniveau des landwirtschaftlichen Bodens ist gewissermaßen das Fundament, auf dem sich die Preise für Bauland erheben. Innerhalb der Betrachtung des Baulandmarktes der Region München soll in Anbetracht der angeführten Gründe zunächst eine Analyse des Preisgefüges für LN erfolgen.

Materialgrundlage der Preise für LN stellt die agrarstrukturelle Rahmenplanung Bayerns 1965 dar. Die Landwirtschaftsämter, die seit 1958 Einblick in die Kauf- und Pachtpreise des landwirtschaftlich genutzten Bodens haben, waren gehalten, den höchsten, niedrigsten und häufigsten Kauf- und Pachtpreis pro Gemeinde für die Jahre 1965/66 bekanntzugeben[62]. Diese Daten stellen das Ausgangsmaterial der Karte mit den Preisen für landwirtschaftliche Nutzflächen in der Region München 1965 dar[63].

Allein die Tatsache, daß der häufigste Preis in den stadtnahen Gemeinden in aller Regel mit dem Höchstpreis zusammenfällt und dieser wiederum den höchsten, von der Statistik überhaupt ausgewiesenen Preis von 99 Tsd. DM/ha darstellt, wirft bereits ein recht bezeichnendes Licht auf die Situation der Münchner Randgemeinden, die sich mit äußerst kräftigen Farben vom gesamten Preisniveau der Region abheben.

Allerdings ist mit dieser Feststellung noch keinerlei Zusammenhang zwischen den Preisen für landwirtschaftliche Nutzflächen und Bauland bewiesen. Ein gewisser Einfluß auf das außerordentlich hohe stadtnahe Preisniveau geht mit Sicherheit von der Landwirtschaft selbst aus, die in derartigen Bereichen oft sehr stark spezialisiert und intensiv betrieben wird, was nicht ohne Konsequenz auf die Preise bleiben kann.

Über die Intensität des Einflusses landwirtschaftlicher Faktoren auf den Markt für landwirtschaftliche Nutzflächen geben die Pachtpreise wesentlich mehr Aufschluß als die Kaufpreise. Während der Käufer landwirtschaftlicher Nutzflächen insbesondere im Einflußbereich großstädtischer Agglomerationsräume auf die Bauerwartung spekulieren kann, bringt der Pächter einer möglichen Widmungsänderung so gut wie kein Interesse entgegen. In eben diesem Sinne äußerst sich GRIESBACH[64], der feststellt, daß land- und forstwirtschaftliche Bodenpreise vorwiegend dem außerlandwirtschaftlichen Einfluß des Baulandmarktes unterliegen, wohingegen bei der land- und forstwirtschaftlichen Pachtpreisbildung die innerlandwirtschaftlichen Gründe dominieren.

---

[59] Wurzer, R.: a. a. O., S. 103.

[60] Vgl. Borcherdt, Ch., u. a.: Verdichtung als Prozeß dargestellt am Beispiel des Raumes Stuttgart, in: Raumforschung und Raumordnung 29 (1971) 5, S. 205.

[61] Vgl. Abb. 5, S. 36.

[62] Vgl. Speiser, H.: Die Aussiedlung in Bayern von 1953—1966. Probleme ihrer Gestaltung aus sozialgeographischer Sicht, unter besonderer Berücksichtigung der Betriebsgrößen und des Bodenmarktes. Inaugural-Dissertation, Universität München, München 1970, S. 80 ff.

[63] Die Statistik weist alle Preise bis einschließlich 99 000 DM in Tausend DM/ha aus. Gemeinden mit Preisen über diesem Betrag werden ebenfalls ohne besondere Kennzeichnung mit 99 000 DM/ha ausgewiesen. Gemeinden ohne Flächenfärbung haben entweder 1965/66 keinen Veräußerungsfall aufzuweisen oder die Beantwortung durch die Landwirtschaftsämter ist unterblieben.

[64] Vgl. Griesbach, H.: Der Einfluß des technischen Fortschritts auf die Preise landwirtschaftlich genutzten Bodens in Industrieländern. Ein Beitrag zur Theorie der Grundrente und des technischen Fortschritts. Volkswirtschaftliche Schriften, H. 104, Berlin 1966, S. 47.

FEUERSTEIN gelang es mit Hilfe einer breit angelegten Untersuchung, diese Feststellungen zu präzisieren [65]. Danach lassen sich die Bodenpreisgefüge für landwirtschaftliche Grundstücke weitgehend mit der Bodengüte erklären; in Ballungsgebieten hingegen ist der Baulandpreis ausschlaggebend.

SPEISER [66] konnte in seiner Untersuchung, die sich auf alle Gemeinden Bayerns erstreckte, einen weitgehend parallelen Verlauf von Pachtpreisen und Ertragsmeßzahlen feststellen.

Da die generelle Übereinstimmung von Bodengüte und Preis für landwirtschaftliche Nutzfläche als gesicherte Erkenntnis angesehen werden kann, ohne dabei geodeterministisches Gedankengut aufzugreifen, wurden vor einigen Jahren im WGI [67] die aus der agrarstrukturellen Rahmenplanung vorhandenen durchschnittlichen Bodenpreise pro Gemeinde für den Hektar landwirtschaftlicher Nutzfläche korreliert mit den durchschnittlichen bereinigten Ertragsmeßzahlen (EMZ). Der Korrelationskoeffizient $r = 0,88$ bestätigte die aufgezeigten Zusammenhänge sehr deutlich. Das Interesse für die Untersuchung lag aber weniger in dem Nachweis des Zusammenhanges zwischen Bodenpreis und EMZ begründet, vielmehr konzentrierte es sich auf die Frage, ob eine regional gehäuft auftretende Abweichung von der Regel nachweisbar war.

Neben einer Fülle von insbesondere agrar- und fremdenverkehrsgeographisch interessanten Aspekten [68] zeigte sich auf der hier nicht beigegebenen Karte, in welcher die prozentuale Abweichung vom Korrelationswert dargestellt wird, daß insbesondere die Randgemeinden der Städte München, Augsburg, Nürnberg und Würzburg eine Abweichung von mehr als 300 % vom Korrelationswert aufzuweisen haben. Von besonderem Interesse ist dabei die Tatsache, daß die Gemeinden mit den höchsten absoluten Preisen für landwirtschaftliche Nutzfläche in der Region München gleichzeitig diejenigen Gemeinden darstellen, die eine Abweichung von mehr als 300 % vom Korrelationswert besitzen. Ähnlich hohe Werte charakterisieren jedoch nicht nur die dynamischen Umlandgemeinden der Städte, sondern in gleichem Maße die bevorzugten Fremdenverkehrsgemeinden des Alpenraumes oder des Bayerischen Waldes.

Daneben treten vor allem jene landwirtschaftlichen Problemgebiete in den Vordergrund, welche maximal 50 % des nach der Korrelation möglichen Preises aufzuweisen haben. Es sind dies der Spessart, die Rhön, der Frankenwald, das Fichtelgebirge, der Oberpfälzer- und der Bayerische Wald; unter diesen nehmen sich der Spessart und die Röhn mit Werten von weniger als ein Drittel des Korrelationswertes besonders krass aus.

Dies ist ein weiterer unübersehbarer Hinweis auf die Zusammenhänge zwischen dem städtischen und dem regionalen Bodenmarkt einerseits, der Beeinflussung des landwirtschaftlichen Bodenmarktes durch den Baulandmarkt andererseits. Der zum Teil sehr krasse Abfall bei den Preisen der Gemeinden um München gegenüber den unmittelbar anschließenden Nachbargemeinden ist ein weiterer Indikator für die Sondereinflüsse des Baulandmarktes auf den Markt landwirtschaftlicher Grundstücke.

Da der Preis landwirtschaftlich genutzten Bodens in Agglomerationsräumen nun einmal dieser extremen Beeinflussung durch den Baulandmarkt unterliegt, die letztendlich auf der spekulativen Erwartung der Baulandausweisung beruht, existiert in den Preisen für landwirtschaftlichen Boden ein weiterer brauchbarer Indikator zur Beurteilung künftiger Siedlungstendenzen für die Orts-, Regional- und Landesplanung, der bisher viel zu wenig Beachtung gefunden hat.

Allgemein kann die Feststellung getroffen wer-

---

[65] Vgl. Feuerstein, H.: Bodenpreis und Bodenmarkt. Bestimmungsgründe der Preise und des Transfers land- und forstwirtschaftlich genutzten Bodens. Eine ökonometrische Analyse des schleswig-holsteinischen Bodenmarktes von 1954 bis 1968. Agrarwirtschaft 1971, Sonderheft 44, S. 55: „Im Verlauf der Querschnittsanalyse konnte die durchschnittliche Ackerzahl nach den Baulandpreisen als zweitwichtigster Bestimmungsfaktor für die Preise der land- und forstwirtschaftlichen Einzelgrundstücke ermittelt werden. In Landkreisen mit außerordentlich hoher außerlandwirtschaftlicher Aktivität (Pinneberg) überwiegt der Einfluß des Baulandpreises so stark, daß die Bodengüte die land- und forstwirtschaftlichen Bodenpreise kaum mehr beeinflußt. Dagegen lassen sich die Bodenpreisdifferenzen in schwach struktuierten Agrarräumen im wesentlichen durch die Bodengüte erklären."

[66] Vgl. Speiser, H.: a. a. O., S. 82.

[67] Wirtschaftsgeographisches Institut der Universität München; Leitung Professor Dr. Karl Ruppert.

[68] Vgl. Ruppert, K.: Das Tegernseer Tal. Sozialgeographische Studien im oberbayerischen Fremdenverkehrsgebiet, in: Münchner Geographische Hefte (1962) 23, S. 43. Danach ist die Differenz zwischen den Preisen für landwirtschaftliche Grundstücke und den Preisen für Bauland ein guter Indikator für die Fremdenverkehrsintensität, d. h. die Preisspanne wächst mit zunehmender Bedeutung des Fremdenverkehrs.

den, daß der Preis für die landwirtschaftliche Nutzfläche unter Einbeziehung der Ertragsmeßzahl in der geschilderten Form ein gutes Beurteilungskriterium für die Dynamik einer Gemeinde bzw. eines Raumes darstellt. Problemgebiete werden genauso deutlich ausgewiesen wie aktive Entwicklungsräume.

b) Der Baulandflächenumsatz 1962—68

Standen bisher die Preise in ihrer absoluten Höhe und zeitlichen Veränderung im Vordergrund der Betrachtung, so soll am Beispiel des Baulandmarktes der Region München aufgezeigt werden, wie sich die Marktintensität, d. h. Flächen und Kaufsummen in den einzelnen Gemeinden über die Region in diesem Zeitraum verteilen.

Die Datengrundlage für diese Betrachtung stellt eine Sonderauswertung des Bayerischen Statistischen Landesamtes dar[69]. Dabei wurden die veräußerten Flächen aufgegliedert in Bauland insgesamt, Rohbauland und baureifes Land sowie die dazugehörigen Kaufsummen für die einzelnen Jahre 1962—1968 auf Gemeindebasis ermittelt. Bedauerlicherweise wurden die Veräußerungsfälle bei der Auswertung aus Gründen der Geheimhaltungspflicht nicht bekanntgegeben.

Obgleich vom ortsplanerischen Standpunkt das Interesse an Gemeindedaten überwiegt, dürfte für die Regional- und Landesplanung die Kenntnis von überörtlichen Daten zur Charakterisierung von Räumen gleicher Marktintensität im Vordergrund stehen. Aus diesem Grund wurden die absoluten Daten in der Reihenfolge des Flächenumsatzes pro Gemeinde kumuliert, aufgegliedert und anschließend in Prozentwerte umgerechnet. Das Ergebnis dieses Arbeitsschrittes hat seinen Niederschlag in Tab. 6, S. 61 gefunden. Mit Hilfe des Zahlenmaterials lassen sich eine Reihe, für die Situation des Baulandmarktes der Region München in den Jahren 1962—1968 äußerst typische Aussagen machen. Beispielhaft sollen einige besonders informative Werte demonstrativ herausgegriffen werden:

1) 138 Gemeinden veräußern — jede für sich — höchstens 0.7 ha Bauland. Insgesamt veräußern sie 40,7 ha für einen Preis von 4,2 Mill. DM im Zeitraum 1962—1968.

Diese relativ problemlose Feststellung gewinnt erheblich an Aussagekraft, wenn die vorgenannten Zahlen an den Gesamtzahlen der Region gemessen werden, d. h. relativiert werden. Die gleiche Aussage lautet dann wie folgt: 30 % aller Gemeinden der Region München veräußern 1,1 % der insgesamt in diesem Zeitraum veräußerten Fläche von 3,6 Mill. ha für einen Kaufpreisanteil von 0,3 % des Gesamtkaufpreises von 1,4 Mrd. DM.

Die getroffene Aussage läßt folgenden Rückschluß zu: 70 % der Gemeinden veräußern 98,9 % der Fläche bei einem Kaufpreisanteil von 99,7 %.

2) 242 Gemeinden veräußern weniger als 1,9 ha Bauland. Insgesamt veräußern sie 164,6 ha für 20 Mill. DM, d. h. mehr als die Hälfte aller Gemeinden veräußern erst 4,6 % der Fläche, wobei auf sie 1,4 % der Kaufsumme entfallen.

3) 440 Gemeinden veräußern weniger als 30 ha Bauland. Insgesamt veräußern sie 1 687,50 ha für 459,3 Mill. DM, d. h. über 95 % aller Gemeinden veräußern weniger als die Hälfte der Baulandflächen (47,3 %) für weniger als $^1/_3$ der Gesamtkaufsumme (32,22 %). Daraus resultiert: 4,3 % aller Gemeinden veräußern 52,7 % der Flächen für einen Kaufpreisanteil von 67,8 %.

Die drei angeführten Beispiele haben deutlich gemacht, welch eminente Konzentrationserscheinungen auf dem Baulandmarkt der Region München anzutreffen sind. Sie gipfeln in der Aussage, daß 20 Regionsgemeinden über die Hälfte der Fläche und mehr als zwei Drittel der Kaufsumme in dem fraglichen Zeitraum auf sich vereinigen. Die räumliche Konsequenz dieser Ausage wird bei der Interpretation der Karte 9 auf den folgenden Seiten analysiert.

Der graphischen Darstellung der Konzentration des Baulandmarktes in der Region München dienen die Lorenz-Kurven[70] in Abb. 8, S. 62. Sie gestatten das Ablesen weiterer Einzelwerte über die bisherigen Aussagen an den Schwellenwerten in Tab. 6, S. 61 hinaus im gesamten Geltungsbereich der Kurve von 0—100 %. Je größer die von der Gleichverteilungsgeraden und der Kurve gebildete Fläche ist, umso stärker ist die vorliegende Konzentration. Grundsätzlich ist demnach in den entsprechenden zur Darstellung gelangten Räumen

---

[69] Vgl. Fußnote 41 S. 27.
[70] Vgl. Kellerer, H.: a. a. O., S. 407. Konzentrations- oder Lorenz-Kurven können immer dann mit Vorteil in der Geographie angewandt werden, wenn eine geringe Zahl von Elementen (Gemeinden) zum gesamten Merkmalsbetrag (Fläche/Kaufsumme) einen recht hohen Beitrag leistet.

Tabelle 6: Flächen- und Kaufsummen Konzentration in der Region München einschließlich München-Stadt 1962-1968 *

Flächenumsatz je Gemeinde in ha	Absolut			Kumulierte Werte		Relativ	
	Gemeinden Anzahl	Fläche in ha	Kaufsumme 1000 DM	Gemeinden in %	Kaufsumme in %	Fläche in %	Kaufsumme in %
unter 0,2	48	4,9	539,3	10,43		0,14	0,04
" 0,4	98	19,4	2.180,0	21,3		0,54	0,15
" 0,7	138	40,7	4.243,9	30,0		1,14	0,3
" 1,0	173	70,6	8.006,5	37,61		1,98	0,56
" 1,3	205	108,2	12.447,4	44,57		3,03	0,87
" 1,9	242	164,6	20.408,7	52,61		4,61	1,43
" 2,6	278	245,0	34.087,4	60,43		6,87	2,39
" 4,0	313	364,4	57.117,9	68,04		10,21	4,01
" 5,5	350	540,4	87.211,4	76,09		15,14	6,12
" 9,6	386	800,9	146.051,1	83,91		22,44	10,24
" 17,0	422	1.267,0	284.544,1	91,74		35,51	19,96
" 30,0	440	1.687,5	459.299,9	95,65		47,29	32,22
" 859,5	460	3.568,6	1.425.704,0	100		100	100

*) Berechnet nach: Unveröffentlichte Baulandpreisstatistik; Sonderauswertung des Bayerischen Statistischen Landesamtes München 1972

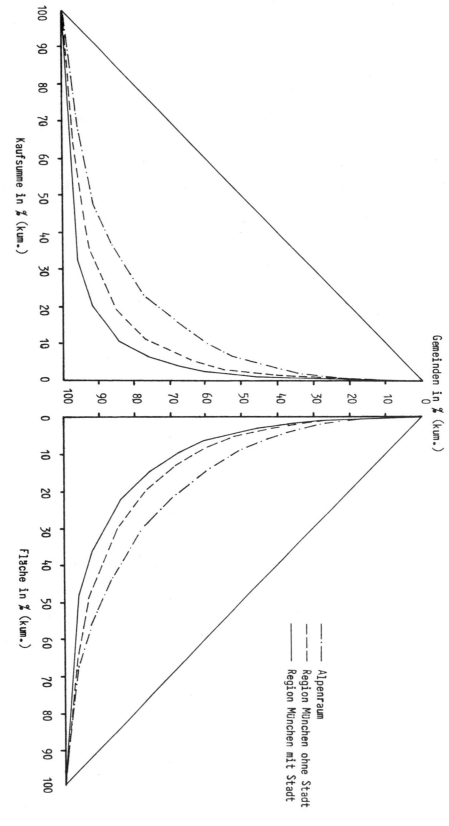

Abb: 8 Die Konzentration des Baulandmarktes in der Region München 1962-1968 *

—·— Alpenraum
——— Region München ohne Stadt
——— Region München mit Stadt

*) Berechnet nach: Unveröffentlichte Baulandpreisstatistik; Sonderauswertung des Bayerischen Statistischen Landesamtes München 1972

die Konzentration der Kaufsummen größer als die der Flächen. Deutlich tritt der Zusammenhang zwischen Fläche und Kaufsumme in der Region hervor. Steigende Baulandumsätze sind begleitet von steigenden Preisen, wobei die Preise stärker steigen als der Flächenumsatz.

Um den Einfluß des Stadtgebietes auf die Ergebnisse der Region auszuschalten, wurde eine getrennte Kurve für die Region München ohne Stadtgebiet ermittelt. Die Konzentration des Baulandmarktes im Alpengebiet dient in erster Linie der Gegenüberstellung mit dem Stadtgebiet.

Dabei wird von besonderem Interesse sein, wie sich die Konzentration des Baulandmarktes in einem ganz anders strukturierten und zum Teil völlig anderen Funktionen dienenden Raum ausnimmt. Von besonderem Einfluß dürfte dabei die Tatsache sein, daß das Alpengebiet — im Gegensatz zur Region München — einen polyzentrischen Raum darstellt, der keine mit dem Raum München vergleichbare Agglomeration aufzuweisen hat.

Um ein Maß für die Stärke der Konzentration in den beiden Räumen zu erhalten, wurde die Fläche, welche die Gleichverteilungsgeraden und Kurven miteinander bilden, dividiert durch die Dreiecksfläche. Der resultierende Quotient stellt ein relatives Konzentrationsmaß dar und heißt Gini-Koeffizient [71], und dient der deskriptiven Erläuterung der Marktstruktur. Er ist durch folgende Extremwerte begrenzt:

1) 0 bedeutet totale Gleichverteilung oder räumliche Dispersion, wonach alle Gemeinden gleich viel Flächen veräußern.

2) 1 bedeutet totale Konzentration, d. h. eine einzige Gemeinde veräußert die gesamte Fläche der Region.

Dazwischen liegen die realen Fälle von mehr oder weniger stark ausgeprägter Konzentration. Mit Hilfe dieses Konzentrationsmaßes ist nun ein quantitatives Beurteilungskriterium für die Größe der Konzentration in den unterschiedlichen Räumen geschaffen. Im Sinne von BORCHERDT [72], der Verdichtungsräume als Gebiete besonderer Dynamik begriffen wissen will, ist in dem Konzentrationsmaß ein generelles Kriterium für die Dynamik von Ballungsräumen zu erblicken. STORBECK [73] verweist in diesem Zusammenhang auf die Bedeutung des Zeitvergleichs bei der Anwendung von Konzentrationsgraden, die dann möglicherweise nicht nur deskriptiven Charakter bezüglich vorhandener Siedlungsstrukturen haben, sondern zu explikativen Ansätzen führen können, was für die Planung von besonderer Bedeutung ist. Ausdrücklich wird jedoch darauf verwiesen, daß der Konzentrationsgrad nur Aussagen über die interregionale, nicht aber über die intraregionale Konzentration zuläßt.

Im Gegensatz zum absoluten Konzentrationsmaß stellt der Gini-Koeffizient ein relatives Konzentrationsmaß dar, d. h. zu jeder Lorenz-Kurve gibt es nur einen eindeutig zuordenbaren Koeffizienten. Umgekehrt sind aber mehrere unterschiedliche Verteilungen, d. h. Lorenz-Kurven mit dem gleichen Gini-Koeffizienten denkbar. Die angedeutete Problematik kommt aber vor allem in den Grenzbereichen von 0 und 1 zum Tragen, von denen die hier ermittelten Koeffizienten noch weit entfernt sind [74]. Die Gefahr einer Fehlinterpretation scheint im übrigen schon deswegen ausgeschlossen, weil es sich bei der durchgeführten Interpretation nur um die Veranschaulichung von Größenordnungen dreht. Danach ergeben sich für die in Abb. 8, S. 62 dargestellten Konzentrationskurven folgende Koeffizienten:

Tab. 7 *Die Konzentration des Baulandmarktes in der Region München*

1962/68	Gini-Koeffizient	
	Fläche	Kaufsumme
Region München mit Stadt	0,77	0,87
Region München ohne Stadt	0,71	0,80
Alpenraum	0,59	0,69

[71] Storbeck, D.: Zur Methodik und Problematik von Maßstäben der regionalen Konzentration, in: Raumforschung und Raumordnung 27 (1969) 5/6, S. 221.
[72] Vgl. Borcherdt, Ch.: Verdichtung als Prozeß, a. a. O., S. 201.
[73] Storbeck, D.: a. a. O., S. 221.
[74] Zur Verdeutlichung der angesprochenen Problematik dient folgendes Beispiel, wie es von Kellerer, H.: a. a. O., S. 409, angeführt wird:
Drei Automobilhersteller produzieren jeweils 33 1/3 % der Gesamterzeugung eines Landes. Im volkswirtschaftlichen Sinn handelt es sich hierbei sicherlich um eine starke Konzentration, dennoch würde die Lorenz-Kurve in diesem Fall mit der Gleichverteilungsgeraden zusammenfallen, der Gini-Koeffizient wäre 0.

Sehr deutlich tritt sowohl bei den Flächen als auch bei den Kaufsummen die den Alpenraum überragende Stellung Münchens hervor. Die Stadt München führt in der Region zu einer merklichen Steigerung bei beiden Maßen, was gewisse Rückschlüsse auf die Dominanz Münchens gestattet.

Die bisherigen Ergebnisse bezüglich des Baulandmarktes in der Region München charakterisieren zwar sehr prägnant die Gesamtsituation, es fehlt aber der räumliche Bezug der Daten, der es ermöglichen würde, die einzelnen Gemeinden hinsichtlich ihrer Marktposition einzuordnen.

Karte Nr. 9 veranschaulicht die Konzentration des Baulandmarktes auf Gemeindebasis in der Region München. Die Fläche der Signaturen verdeutlichen die veräußerte Fläche für das gesamte Bauland 1962—68, die Farben symbolisieren den Konzentrationsgrad, dem die betreffende Gemeinde angehört.

In Verbindung mit Tab. 6, S. 61 [75] lassen sich nun diejenigen Gemeinden bestimmen, die sowohl jede für sich einen bestimmten, durch den Schwellenwert fixierten Flächenumsatz aufweisen, die aber daneben — in Verbindung mit anderen Gemeinden, die der gleichen Stufe angehören — einen bestimmten Flächen- oder Kaufsummenanteil des Gesamtraumes der Region München auf sich vereinen.

Danach werden beispielsweise mit den beiden letzten Farbtönen der Skala (Purpur/Violett) diejenigen 8,3 % der Gemeinden gekennzeichnet, auf die 64,5 % der gesamten Fläche und 80 % der Kaufsumme der gesamten Region entfallen, d. h. jene Gemeinden, die den Marktverlauf in der Region entscheidend beeinflussen. Es sind dies neben den Kreisstädten, wie beispielsweise Mainburg, Pfaffenhofen a. d. I., Freising, Dachau, Landsberg, Fürstenfeldbruck, Starnberg, Wolfratshausen, Ebersberg, — wobei Erding eine Ausnahme macht — vor allem die Gemeinden des Landkreises Fürstenfeldbruck. Daneben treten auch die stadtnahen Gemeinden im Norden Münchens entlang der Autobahn Nürnberg und der Bahnlinie nach Freising in den Vordergrund.

Umgekehrt werden mit der ersten Farbstufe jene 21,3 % Gemeinden ausgewiesen, die nur 0,5 % des Flächenumsatzes und 0,15 % der Kaufsumme auf sich vereinen. Sie sind vor allem am Westrand der Region sowie im Nordwesten, Norden und Nordosten von München anzutreffen. Hierzu zählen insbesondere der Kreis Landsberg, ausgenommen die Ufergemeinden des Ammersees, die westlichen Gemeinden des Kreises Fürstenfeldbruck, der Kreis Dachau — ausgenommen die Orte an der Bahnstrecke Richtung Altomünster — sowie die Kreise Pfaffenhofen, Freising und insbesondere Erding.

Die übrigen Schwellenwerte der Karte 9 können in Analogie zu der Interpretation der Randschwellenwerte gedeutet werden. Wichtig ist aber vor allem die Einbeziehung von Tab. 6, weil sie Aussagen über den Gesamtbeitrag von Gemeinden eines Schwellenwertes in Bezug auf die Region gestattet.

Die nördlichen Regionsgemeinden leisten demnach — von wenigen Ausnahmen abgesehen — keinen sehr nennenswerten Beitrag zum Marktgeschehen. Mit Ausnahme der Münchner Stadtrandgemeinden Garching, Eching und Neufahrn weisen nur noch Kreisstädte, wie z. B. Mainburg die höchsten Werte auf.

Die südlichen Gemeinden leisten dagegen einen erheblich größeren Beitrag. Gemeinden, die weniger als 4 000 qm veräußern, sind nur vereinzelt anzutreffen, dagegen häufen sich Gemeinden, die einen Flächenumsatz bis zu 170 000 qm aufzuweisen haben. Neben den südlichen Regionsgemeinden richtet sich das Marktinteresse in allererster Linie auf die Randgemeinden Münchens, wie dies bereits aus den Preisen für landwirtschaftlich genutzten Boden ersichtlich war. Ausgesprochene Schwerpunkte der Entwicklung stellen insbesondere die westlichen Stadtrandgemeinden dar, wie z. B. Karlsfeld, Olching, Gröbenzell, Eichenau, Puchheim, Germering, Gilching, Unterpfaffenhofen, Gräfelfing.

Daneben zeichnet sich auch in den nördlichen Gemeinden Unterföhring, Ismaning, Garching, Eching und Neufahrn ein marktintensiver Bereich ab.

Ein weiterer Schwerpunkt des Baulandmarktes verläuft entlang der Rosenheimer Bahnstrecke nach Osten.

Besonders auffallend ist die Erscheinung, daß die Zentralität der Orte nicht unbedingt mit der Konzentration von Flächen und Kaufsummen auf dem Baulandmarkt übereinstimmt, wie ISTEL sinngemäß feststellt [76]. Pöcking, Tutzing, — um nur einige Orte herauszugreifen, — zeugen davon, daß landschaftlich reizvolle Lage in Ver-

---

[75] Vgl. Abb. 8, S. 62.
[76] Vgl. Istel, W.: Entwicklungsachsen und Entwicklungsschwerpunkte, Ein Raumordnungsmodell, München 1971, S. 71.

bindung mit guter Verkehrserschließung ebenfalls einen ausschlaggebenden Einfluß auf die Marktintensität haben [77].

Die räumliche Verteilung der durch den Baulandmarkt induzierten Siedlungsentwicklung künftiger Jahre läßt sich mit der Konzentration in Verbindung mit dem Flächenumsatz deutlich nachweisen. Räume, die eine große Siedlungsintensität in den vergangenen Jahren aufzuweisen hatten, wie beispielsweise die stadtnahen Gemeinden des Kreises Fürstenfeldbruck, treten ebenso deutlich hervor, wie Gebiete mit nur geringfügiger Aktivität in Bezug auf das Siedlungswesen. Bandartige Verdichtungstendenzen auf Grund der Baulandmarktintensität lassen sich so gut wie nicht erkennen, was aber unter Umständen auf den kurzen Betrachtungszeitraum zurückzuführen ist. Um zu Aussagen über die künftige Siedlungsentwicklung zu gelangen, ist es vor allem erforderlich, die Daten auf den aktuellsten Stand zu bringen. Ist diese Voraussetzung erfüllt, so kann damit gerechnet werden, daß die Siedlungsentwicklung für ein paar Jahre im voraus abgeschätzt werden kann, weil zwischen dem Kauf des Bodens und der jeweiligen baulichen Nutzung i. d. R. ein gewisser Zeitraum zu verstreichen pflegt.

c) Der Flächenumsatz und das Preisgefüge für baureifes Land 1962—68

Im Gegensatz zur Konzentration des Marktgeschehens für das gesamte Bauland (Baureifes Land, Rohbauland und Sonstiges Bauland) [78], handelt es sich bei Karte 10 um baureifes Land [79], also um diejenige von der Statistik ausgewiesene Baulandkategorie, welche hinsichtlich der Qualitätsmerkmale relativ homogen ist, so daß räumliche Preisdifferenzen auf Grund unterschiedlicher Erschließung als weitgehend eliminiert angesehen werden können. Daneben sind auch die Preise industriell genutzter Flächen oder die Preise für Flächen, welche kommunalen Zwecken dienen, z. B. der Verkehrserschließung, ausgefiltert.

Von besonderem Interesse ist zunächst die Tatsache, daß trotz der hohen, nachweisbaren Konzentration der Marktintensität in der Region München 61 Gemeinden — das entspricht einem Prozentsatz von 13 % — kein baureifes Land in dem fraglichen Zeitraum veräußerten. Davon sind vor allem die Kreise Mainburg, Freising, Erding und Wasserburg betroffen. Im allgemeinen ist ein deutlich feststellbarer Zusammenhang zwischen dem Flächenumsatz in den Jahren 1962—68 und dem für diese Jahre errechneten Durchschnittspreis bei baureifem Land zu registrieren. Da es sich bei baureifem Land in erster Linie um Flächen für spätere Wohn- und Gewerbenutzung handelt, ist die Karte 10 für die raumplanerisch notwendige Beurteilung künftiger Siedlungstendenzen wesentlich besser geeignet.

Die bei der Interpretation des innerstädtischen Preisgefüges insbesondere aus den Jahren 1960 und 1971/72 angedeutete Vermutung, daß die unteren Preiskategorien, die aus dem städtischen Preisgefüge fast völlig verdrängt worden waren, in der Region anzutreffen seien, findet in der Karte 10 ihre volle Bestätigung. Besonders die westlichen Stadtrandgemeinden und die Gemeinden des Landkreises München weisen jene Wertstufen zwischen 67.— und 134.— DM und unter 67.— DM auf. Es ist der allgemeinen Problematik der offenen Klassen zuzuschreiben, daß dieser Sachverhalt in Karte 10 nur verdeckt zutage tritt. Die höchste Klasse mit 40.— und mehr DM/qm reicht bis 109,38 DM als Durchschnittspreis für den Quadratmeter in der Gemeinde Grünwald. Sie ist einerseits charakteristisch für Gemeinden, die mehr als doppelt so hohe Preise wie der Schwellenwert aufweisen, z. B. Oberschleißheim mit 109.— DM/qm, Neuried mit 96.— DM/qm, Gräfelfing mit 92.— DM/qm und — abgesehen von Oberschleißheim — vor allem im Süden der Stadt gelegen sind. Auf der anderen Seite beinhaltet diese Wertkategorie auch Gemeinden, in denen baureifes Land um die Hälfte billiger gehandelt wurde, wie z. B. im Westen Münchens in der Gemeinde Germering mit 68.— DM/qm, Unterpfaffenhofen mit 59.— DM/qm und Puchheim mit 46.— DM/qm.

Der generelle Einfluß von München auf die angrenzenden und auf die in nicht allzu großer Entfernung liegenden Umlandgemeinden ist unverkennbar. Allerdings beginnt sich das Muster mit Hilfe der Preise und Flächen für baureifes Land

---

[77] Vgl. Brendel, R.: Das Münchner Naherholungsgebiet im Bereich des Ammersees und des Starnbergersees. Eine Sozialgeographische Studie. Dissertation am Wirtschaftsgeographischen Institut der Universität München. München 1967, S. 209.
[78] Vgl. Fußnote 16 S. 16.
[79] Vgl. Abb. 5, S. 36.

gegenüber Karte 9, welche die Baulandflächen insgesamt darstellt, wesentlich stärker zu differenzieren. Die Kreise Erding und Freising weisen keinen nennenswerten Flächenumsatz auf, ebenso die Kreise Wasserburg und Mainburg, soweit sie zur Region gehören oder Überlagerungsgebiet darstellen.

Ganz anders stellt sich die Situation im Norden der Region im Kreis Pfaffenhofen und an der Westgrenze in den Kreisen Dachau, Fürstenfeldbruck und Landsberg dar. Mit Ausnahme der Kreisstädte weisen nahezu alle Gemeinden einen gewissen Flächenumsatz auf. Charakteristisch ist das ausgesprochen niedrige Preisniveau von unter 17.— DM/qm. Der Einfluß des Münchner Baulandmarktes auf die östlichen Gemeinden des Kreises Fürstenfeldbruck ist sowohl in Bezug auf den Flächenumsatz als auch auf den Preis unverkennbar.

Im Kreis Landsberg, der preislich mit zu den billigsten der Region gehört, tritt der Einfluß des Ammersees — als bevorzugtes Erholungs- und Wohngebiet am Westufer des Sees — in Erscheinung. Auch der von BRENDEL[80] für 1964/65 konstatierte Unterschied in der Bewertung des West- und Ostufers ist klar feststellbar. Der Kreis Starnberg weist, mit Ausnahme des Gebietes zwischen den beiden Seen, eine außerordentlich hohe Bewertung von überwiegend mehr als 40.— DM/qm auf, was neben den Seeorten vor allem auf die für Wohnzwecke äußerst attraktiven Würmtalgemeinden zurückzuführen ist.

Im Süden und Osten der Region läßt der Flächenumsatz gegenüber den Westteilen der Region stark nach. So konzentrieren sich die Höchstpreise von 29.— DM und mehr vor allem auf die Gemeinden in der Nähe des Landkreises München. Gegen den südlichen und östlichen Regionsrand fallen die Preise und pendeln sich in den mittleren Wertkategorien von 13.— bis unter 22.— DM/qm ein.

Im Landkreis Wolfratshausen treten hoher Flächenumsatz in Verbindung mit hohen Preisen in den durch S-Bahn und Bundesstraße 11 an München verkehrsmäßig sehr gut angebundenen Gemeinden auf. Dagegen weisen die zwischen der Holzkirchner und Wolfratshauser Bahnlinie gelegenen Gemeinden beispielsweise nur Flächenumsätze von weniger als einem Hektar auf, was mit zu den niedrigsten Werten in der Region gehört.

Mit Ausnahme der Gemeinden Frauenrain, Gelting und Holzolling sind jedoch die niedrigen Wertstufen von weniger als 10.— DM/qm, wie sie beispielsweise charakteristisch für den Kreis Landsberg sind, überhaupt nicht vertreten.

Da einer großen Anzahl baulicher Veränderungen im Gemeindegebiet i. d. R. ein Eigentumswechsel des Bodens voranzugehen pflegt, ist die Intensität des Baulandmarktes ein guter Indikator zur Beurteilung der Bautätigkeit in den einzelnen Gemeinden sowie in der Region selbst. Danach läßt sich ganz allgemein feststellen, daß die Bautätigkeit mit zunehmender Entfernung von Regionszentren allmählich geringer wird. Im Rahmen dieser allgemein gültigen Aussage lassen sich jedoch eine Reihe von Entwicklungsschwerpunkten feststellen.

Unter regionalem Aspekt bildet beispielsweise der Westen und Südwesten der Region München einen Schwerpunkt der Siedlungstätigkeit. Die östlichen Gemeinden des Kreises Fürstenfeldbruck sowie die Nahtstelle der Kreise München, Starnberg und Fürstenfeldbruck, insbesondere die Gemeinden Germering, Unterpfaffenhofen, Krailling, Gauting, aber auch Gräfelfing und Planegg, lassen bezüglich des Baulandindikators auf eine beachtliche Bautätigkeit schließen.

Neben den Schwerpunkten der Entwicklung heben sich jedoch im Kartenbild auch einige ausgesprochen undynamische Gebiete in Bezug auf die Siedlungstätigkeit ab. Obgleich durch die Autobahn Nürnberg verkehrsmäßig gut erschlossen, führt die Trasse ausnahmslos durch Gemeinden mit geringem Baulandumsatz, vielfach sogar — insbesondere im Kreis Freising — durch Gemeinden ohne Veräußerungen von baureifem Land während des 7-jährigen Untersuchungszeitraumes, wie z. B. Günzenhausen, Massenhausen, Großnöbach, Gremertshausen, Hohenbercha.

Diese geringe Dynamik prägt den gesamten nördlichen, nordöstlichen und östlichen Raum der Region einschließlich der mittelzentralen Orte Freising und Erding.

Da sich die Schwerpunkte des Baulandmarktes aus vielerlei Gründen i. d. R. nicht kurzfristig verlagern, kann davon ausgegangen werden, daß die sich abzeichnenden Tendenzen in der Region München auch in der näheren Zukunft richtungsweisend für die kommenden Jahre sein werden.

---

[80] Vgl. Brendel, R.: a. a. O., S. 209.

V. DIE PROZESSHAFTE VERÄNDERUNG DES STÄDTISCHEN BODENPREISGEFÜGES IN MÜNCHEN

Die bisherigen Betrachtungen über das städtische Bodenwertgefüge wurden ausschließlich auf Grund von zeitpunktbezogenen Darstellungen der Preise durchgeführt. Dabei ergaben sich eine Fülle von teils zeit- und gesellschaftsbedingten, teils zeitunabhängigen Informationen für die Erklärung des Preisgefüges. Hierbei sind folgende Sachverhalte besonders hervorzuheben:

1) Der starke relative Preisanstieg der äußeren Stadtbezirke gegenüber den zentrumsnahen Bereichen.
2) Die laufende Konzentration höchster Bodenwerte in der Innenstadt.

Es liegt die Vermutung nahe, hier den Ansatz einer von der speziellen Münchner Situation unabhängigen Regelhaftigkeit zu erblicken, dergestalt, daß die relative Preissteigerung vom Stadtrand zur Innenstadt abnimmt; eine Vermutung, die angesichts der gewaltigen Wertsteigerungen bei der Baulandentstehung durchaus gerechtfertigt erscheint. Jedoch würde das bedeuten, daß sich die relative Preissteigerung in der City am geringsten ausnimmt, was im Hinblick auf die gewaltige Konzentration des tertiären Sektors auf engstem Raum recht unwahrscheinlich klingen muß.

Neben die Vermutung über den Verlauf der Preissteigerung im Stadtgebiet tritt ein anderes Phänomen, das von ALONSO[1] als Paradoxon in amerikanischen Städten bezeichnet wurde: „The poor live near the center, on expensive land, and the rich on the periphery on cheap land." Diese Erscheinung ist keineswegs nur auf die Städte in den Vereinigten Staaten beschränkt, zumindest in den deutschen Großstädten sind die gleichen Sozialgruppendifferenzierungen zwischen Stadtrand und Innenstadt zu beobachten, die — oberflächlich betrachtet — durch das Bodenpreisgefüge nicht erklärt werden können.

Die Erklärungen, die ALONSO dafür anführt, sind überwiegend ökonomischer Natur und sehr stark an das Thünen'sche Modell angelehnt, d. h. die Transportkosten (z. B. Zeit — Kosten — Mühe Relation) spielen eine entscheidende Rolle bei der Verteilung des Bodens unter die verschiedenen Einkommensgruppen. Der Gedankengang seiner Argumentation läßt sich auf folgende Hypothesen reduzieren:

Die unteren Einkommensgruppen können in jeder Entfernung vom Stadtzentrum weniger Fläche erwerben als die den oberen Einkommensklassen entstammenden Personen. Da Erstere nur kleine Parzellen kaufen, sind Verteuerungen des Bodens, wie sie mit wachsender Nähe der Innenstadt auftreten, weniger bedeutsam für die unteren sozialen Schichten als die mit wachsender Entfernung vom Zentrum steigenden Kosten und Unannehmlichkeiten des Pendelns. Die wohlhabenderen Kreise der Bevölkerung, welche generell größere Parzellen erwerben, werden demzufolge von der stadteinwärts gerichteten Verteuerung des Bodens erheblich stärker getroffen als durch die für beide Gruppen gleichermaßen stadtauswärts zunehmenden Pendlerkosten. Dies hat zur Folge, daß die unteren sozialen Gruppen auf dem teuren Innenstadtboden, die oberen Sozialgruppen auf dem billigen Stadtrandboden siedeln[2].

Die völlig gleiche Beobachtung eines bodenpreisbedingten räumlichen Sortierungsprozesses unter den einzelnen Sozialgruppen der Stadtbewohner führten bei RATCLIFF bereits im Jahre 1949 zu einer völlig anderen Erklärung[3], die er als „filtering-down process" beschreibt. Danach ziehen die begüterten Bewohner sukzessive aus den innerstädtischen Wohngebieten aus, wenn neue komfortbale Wohnungen weiter außerhalb errichtet werden, und überlassen den unteren Einkommensgruppen den freigewordenen Wohnraum. Dieser

---

[1] Alonso, W.: A Theory of the Urban Land Market, in: The Regional Science Association, Vol. VI, 1960, S. 149.
[2] Alonso, W.: A Theory of the Urban Land Market, in: Leahy, W., Mc Kee, D., Dean, R.: Urban Economics, Theory, Development and Planning, New York 1970, S. 62.
[3] Ratcliff, R. U.: Urban Economics, New York 1949, S. 321—334. Zit. nach: Murphy, R. E.: The American City. An Urban Geography, New York 1966, S. 382—383.

Filterprozeß dauert so lange an, bis die unrentabel gewordenen Häuser durch Abbruch entfernt werden.

Am Rande sei bemerkt, daß durch den massierten Bau von komfortablen Wohnungen in der Innenstadt der filtering-down process wieder von vorne beginnen kann, so daß damit ein ständiger Austauschprozeß der Bevölkerung erklärt wäre[4].

Bei der Erklärung von ALONSO darf nicht übersehen werden, daß das Eigenheim mit Garten für fast alle Bevölkerungsschichten der Vereinigten Staaten typisch ist, wohingegen unter Einbeziehung der kontinentaleuropäischen Wohnverhältnisse speziell in Städten das Eigenheim mit Garten auf die Mittel- und Oberschicht begrenzt ist. Die unteren Sozialschichten wohnen hingegen vielfach zur Miete, d. h. letztlich, daß ihr Einkommen zu gering ist, um für den Bodenerwerb in Betracht zu kommen, oder umgekehrt die Bodenpreise so hoch sind, daß das Einkommen weiter Schichten für den Erwerb eines eigenen Grundstücks in den Städten auf Grund der zu hohen Bodenpreise nicht mehr ausreicht[5]. Die Entwicklung auf dem Eigentumswohnungsmarkt spricht für diese Vermutung[6].

Jedoch soll hier nicht die These einer sozial determinierten Verteilung der Wohnformen aufgestellt werden. Vielmehr läßt sich immer wieder besonders in den großen Ballungszentren mit ihrem äußerst differenzierten Angebot an Mietwohnungen unterschiedlichster Ausstattung und Lage beobachten, daß die Komfortwohnanlage auf Mietbasis, wie z. B. das Arabella-Haus in München, eine attraktive Alternative für die höheren Einkommensgruppen darstellt.

Andererseits ist bei der Eigentumswohnung insbesondere in innerstädtischen Bereichen mit hoher Nutzungsintensität ein Grad der Aufsplitterung des Eigentums an Grund und Boden erreicht, der es auch weniger begüterten Bevölkerungskreisen gestattet, Immobilienbesitz zu erwerben.

Unbefriedigend an der rein ökonomischen Interpretation von ALONSO, die mit keinem Wort auf die Wohnwünsche der Bevölkerung eingeht, ist letztlich die Tatsache, daß die unterschiedliche Ausprägung des Bodenpreisgefüges auf steigende Transportkosten bei sinkenden Preisen zurückgeführt wird. Auch die häufig angeführte Zeit-Kosten-Mühe-Relation ist innerhalb eines Stadtgebietes nicht derart differenziert, daß sie zur Erklärung der beachtlichen Preisdifferenzen ausreichen würde. Es liegt die begründete Vermutung nahe, daß andere Preiseinflußfaktoren einen weit größeren Beitrag zur sozialen Differenzierung in den Städten leisten, als dies durch Transportkosten möglich wäre. Die Tatsache, daß die absolute Preishöhe a priori keinen Rückschluß auf die Sozialstruktur von Stadtteilen zuläßt, verstärkt diese Überlegung.

Sowohl der Erklärung bei RATCLIFF als auch bei ALONSO liegt die Vorstellung eines Stadtwachstums in Form konzentrischer Ringe zugrunde, welche die reale, funktionale und soziale Differenzierung des Stadtgebildes in einem Maße simplifiziert, daß von der Wirklichkeit nicht mehr viel zu beobachten ist. Die realistischere Unterstellung eines mehrkernigen städtischen Gefüges würde die gemachten Beobachtungen zwar nicht grundsätzlich in Frage stellen, aber in einer Art und Weise komplizieren, daß der einfache Erklärungsansatz über Transport- und Grundstückskosten vermutlich nicht mehr ausreichen würde.

1. Der Geschoßflächenpreis als Indikator für die Attraktivität städtischer Wohngebiete

Eine schier endlos erscheinende Fülle von Publikationen zum Thema Bodenpreise beschäftigt sich insbesondere im angelsächsischen Sprachraum mit der Frage, welche Faktoren die Bodenpreise beeinflussen. Dabei handelt es sich im allgemeinen um theoretische Ansätze, welche zu grundsätzlichen Überlegungen über die Preisgestaltung im Stadtgebiet führen. Bei den neusten Untersuchungen dieser Art handelt es sich aber eher um beschreibende Analysen als um konkrete Versuche,

---

[4] Vgl. Murphy, R. E.: The American City, An Urban Geography, a. a. O., S. 383.

[5] Vgl. Fehn. H.: Zeitbedingte Wachtumserscheinungen an den Großstadträndern der Gegenwart, in: Berichte zur deutschen Landeskunde, 8 (1950) 2, S. 296.

[6] Vgl. Neubeck, K.: Eigentumswohnungen und Stadtentwicklung. Eine empirische Analyse der städtebaulichen und sozialgeographischen Folgewirkungen des zunehmenden Baus von Eigentumswohnungen am Beispiel München. Auszug aus der Dissertation, München 1972, S. 20.

die Auswirkungen der einzelnen Werteinflußfaktoren auf den Bodenpreis in den Griff zu bekommen. Dies wäre insbesondere deswegen wünschenswert, weil der Boden, im speziellen der Bauboden, ein Wirtschaftsgut sehr unterschiedlicher Qualität darstellt.

Das bisherige Unterbleiben von derartigen Versuchen ist vermutlich auf die Schwierigkeit zurückzuführen, die Preiseinflußfaktoren einer Quantifizierung zu unterziehen, die ein Herausfiltern des Faktors zulassen würde.

Einen der drei wesentlichen Einflußfaktoren stellt das Maß der baulichen Nutzung dar, welches in aller Regel in Geschoßflächenzahlen zum Ausdruck gebracht wird. Der Zusammenhang zwischen Maß der Nutzung und Bodenpreis wurde bereits erörtert [7].

SEELE spricht in diesem Zusammenhang sogar von einer Proportionalität des Bodenwertes und Geschoßflächenzahl bei konstanter Geschoßflächenrente und feststehendem Zinsfuß [8]. Bodenwert und Bodenpreis können differieren, weil im Bodenwert nur die realisierte Nutzung Berücksichtigung findet, wohingegen der Bodenpreis auch die künftige Nutzung beinhaltet [9]. Dieser Sachverhalt ist aber für die Richtwerte irrelevant, weil sie sich nur auf baureife unbebaute Grundstücke innerhalb zur Bebauung ausgewiesener Flächen beziehen, deren Nutzung hinsichtlich Art und Maß durch Flächennutzungspläne bzw. Bebauungspläne fixiert ist.

Ein Grundstück ist, unabhängig von der Nutzungsart, umso wertvoller, je intensiver die Nutzung auf demselben gestaltet werden kann. Unter erwerbswirtschaftlichen Gesichtspunkten wird der Wert eines Grundstücks mit der Aussicht auf größere Mieteinnahmen steigen [10]. Die Mieteinnahmen in Bezug auf das Grundstück steigen aber genau dann, wenn die Nutzung zunimmt, d. h. wenn die Geschoßflächenzahlen steigen. Mit zunehmender Geschoßflächenzahl steigen also die Einnahmen, bezogen auf das ganze Grundstück. Steigt die Rendite, so steigt konsequenterweise auch der Preis für den Boden.

Bei dieser an der Profitmaximierung orientierten Argumentation darf jedoch nicht übersehen werden, daß eine Reihe von Grundstücken nicht der maximal möglichen Nutzung unterliegt, wie sie geltendes, von der Gemeinde festzusetzendes Baurecht gestattet. Ein typisches Beispiel für die Existenz einer derartigen extensiven Nutzung ist der Stadtbezirk Solln. Auch heute finden sich dort noch eine Reihe von größeren Grundstücken (i. d. R. mehrere 1 000 qm), z. B. am Isarhang, auf denen eine höhere Nutzung zulässig wäre. Im allgemeinen handelt es sich dabei aber um Anwesen, die vom Eigentümer selbst genutzt werden, m. a. W.: nicht unbedingt einer ausschließlich nach ökonomischen Gesichtspunkten orientierten Kostenkalkulation unterliegen.

Diese Feststellung trifft auch schon für die Zeit vor der Erhöhung der Nutzung von Baustaffel 10 auf Staffel 9 Anfang der 60-er Jahre zu. Sie hat aber, in der ersten Zeit kaum registriert, erst Mitte der 60-er Jahre zentrale Bedeutung für die bauliche Entwicklung dieses Villenvorortes erlangt. Bei einem Eigentumswechsel — sei er durch einen Erbfall, finanzielle Probleme bei der Erhaltung der alten Villen oder Verkauf aus Altersgründen ausgelöst — tritt i. d. R. ein Makler auf, der vermittels einer eigenen oder unter Vertrag stehenden Baufirma die Nutzung durch die Errichtung von Eigentumswohnungen bis an die äußerste Grenze des zulässigen Maßes, vielfach aber auch darüber (Kellerwohnungen) hinaufsetzt.

Da dieser Wandlungsprozeß der Siedlungsstruktur unvermindert stark anhält [11], werden extensiv genutzte Grundstücke, wie das Beispiel Solln lehrt, bald der Vergangenheit angehören.

In der Regel ist die Nutzungsintensität des Bodens in der City am höchsten und nimmt gegen den Stadtrand ab. Das bedeutet, daß die Ausnutzung der Grundstücke, wie sie durch Baustaffeln und Geschoßflächenzahlen festgelegt ist, ähnlich den Bodenpreisen vom Zentrum zum

---

[7] Vgl. S. 38 ff., insbesonder Abb. 6, S. 39.

[8] Vgl. Seele, W.: Einfluß der Bodenpreise auf die Stadtentwicklung, in: Städtebauliche Beiträge (1971) 2, S. 136.

[9] Beweis hierfür sind die in Erwartung künftiger baulicher Verwertbarkeit stark überhöhten Preise für Ackerland im Umland der Stadt.

[10] Vgl. Seidewinkel, H.: Die Preisbildung für Grundstücke unter dem Einfluß des innerstädtischen Verkehrssystems — dargestellt unter besonderer Berücksichtigung Hamburgs. Schriftenreihe der Akademie für Verkehrswissenschaft Hamburg. Hamburg 1966, Bd. 2, S. 86.

[11] Vgl. Borcherdt, Ch.: Der Wandlungsprozeß der Bebauung großstädtischer Villenvororte erörtert am Beispiel Solln, a. a. O., S. 54 ff.

Stadtrand allmählich absinkt. LICHTENBERGER[12] stellt den Einfluß der Bauklassen auf die Standortverteilung der wirtschaftlichen Tätigkeiten im Stadtgebiet heraus, wobei die Höhe der Preise die jeweilige Bauklasse in eine zentrumsnahe gewerbliche Nutzungszone und eine periphere Wohnzone unterteilt. Die Bodenpreise steuern die zentripetal gerichtete Zentrenbildung ebenso wie die zentrifugal wirksam werdende Ausprägung der Wohnstandorte. Die Frage nach der Bewertung einer vom Stadtrand zum Zentrum sich verteilenden Sozialqualität[13], wie sie in den Preisen zum Ausdruck kommen müßte, bleibt ungeklärt.

Zu einem in der Aussage gleichen Ergebnis gelangt HOFFMANN[14], der dabei aber auf die Unterschiede der europäischen und nordamerikanischen Großstadt abstellt. Bauhöhen und Bodenpreise haben in schematisierter Form zur Darstellung gebracht den gleichen Verlauf. Der Preis- und Bauhöhenanstieg in der nordamerikanischen City verläuft jedoch viel steiler und gipfelt in einem wesentlich höheren Endpreis als in der europäischen Stadt.

Trotz dieses markanten Unterschiedes ist in beiden Kontinenten der Zusammenhang zwischen Nutzungsintensität und Bodenpreis gleichermaßen evident.

Um diesen Einfluß der Nutzungsintensität auf den Bodenpreis auszuschalten, wurde der jeweilige Baulandpreis durch die vorherrschende Geschoßflächenzahl dividiert. Daraus resultierte der Geschoßflächenpreis, der (unabhängig vom Maß der baulichen Nutzung) die Bewertung des Bodens widerspiegelt. Gegenüber dem herkömmlichen Preis, der auf den Quadratmeter Boden bezogen wurde, unterscheidet sich der Geschoßflächenpreis dadurch, daß er auf den Quadratmeter Geschoßfläche, m. a. W. auf die der Rendite zugrundeliegende Einheit bezogen ist.

Dabei ist für die Aussagekraft dieses in Karte 11 dargestellten Sachverhaltes von besonderer Bedeutung, daß die tatsächlich realisierten Geschoßflächenzahlen der Preisermittlung zugrunde lagen, und nicht etwa die Werte Verwendung fanden, die im Flächennutzungsplan als wünschenswert erachtete Normgrößen ausgewiesen werden[15]. Die Bedeutung dieser Tatsache kann daran ermessen werden, daß beispielsweise die City als Kerngebiet im Flächennutzungsplan mit GFZ 2,0 ausgewiesen wird, im Durchschnitt aber bereits Werte von 4,0 und mehr erzielt werden.

Während der Quadratmeter Boden die Bezugsbasis für den Baulandpreis darstellt, bezieht sich der Geschoßflächenpreis auf den Quadratmeter Geschoßfläche[16]. Der Grundstückskäufer, der beispielsweise ein Einfamilienhaus mit einer Geschoßfläche von 120 m² bauen möchte, erhält durch den Geschoßflächenpreis eine Information darüber, wie teuer ihn der für 1 Quadratmeter Geschoßfläche benötigte Bodenanteil in einer bestimmten Gegend zu stehen kommt, z. B. 300.— DM. Durch Multiplikation dieses Preises mit der gewünschten Anzahl Quadratmeter weiß der Bauwillige sofort, wie hoch die Grundstückskosten bei entsprechender Hausgröße sind.

Ist das Maß der Nutzung in Form der Geschoßflächenzahl gleich Eins, so sind Bodenpreis und Geschoßflächenpreis identisch. Ist das Maß der Nutzung größer als Eins, so sinkt der Geschoßflächenpreis entsprechend, weil der Käufer für einen Quadratmeter Geschoßfläche weniger als einen Quadratmeter Grundstücksfläche erwerben muß. Umgekehrt steigt der Geschoßflächenpreis entsprechend, wenn die Geschoßflächenzahl unter Eins sinkt, weil der Käufer für einen Quadratmeter Geschoßfläche mehr als einen Quadratmeter Grundstücksfläche erwerben muß.

Im Vergleich zu allen bisherigen Bodenpreiskarten, in denen — unabhängig in welchem Jahrhundert — die höchsten Bodenpreise in der Innenstadt, die niedrigsten Preise am Stadtrand anzutreffen waren, hat sich die Situation in Karte 11, welche die Geschoßflächenpreise darstellt, grundlegend geändert. Während in der Innenstadt die Preise nach wie vor die höchsten des gesamten Stadtgebietes sind, zeichnen sich nun insbesondere die östlichen, südlichen und westlichen Stadtrandbezirke durch ebenfalls sehr hohe Preise von durchgehend über 400.— DM/qm GF aus. Die niedrigen Wertstufen hingegen sind neben

---

[12] Vgl. Lichtenberger, E.: Ökonomische und nichtökonomische Variablen kontinentaleuropäischer Citybildung, in: Die Erde, 103 (1972) 3/4, S. 230 ff.

[13] Lichtenberger, E.: The Nature of European Urbanism, in: Geoform (1970) 4, S. 58.

[14] Vgl. Hoffmann, R.: Stadterneuerung und Verkehr, in: Aspekte der Stadterneuerung; Schriften des Deutschen Verbandes für Wohnungswesen, Städtebau und Raumplanung e. V. (1967) 73, S. 54.

[15] Baureferat der Landeshauptstadt München: München Flächennutzungsplan Grundlagen- und Beipläne, a. a. O., S. 10 ff.

[16] Vgl. Abb. 6, S. 39.

den nördlichen Stadtrandbezirken nun vor allem in den östlichen, südlichen und westlichen Innenstadtgebieten anzutreffen; insbesondere in den Stadtbezirken Haidhausen, Berg am Laim, Au, Obergiesing; die nördlichen Teile von Untergiesing-Harlaching, Glockenbach- und Schlachthofviertel, Sendling und Schwanthalerhöhe.

Gegenüber dem in Bezug auf die Preishöhe kontinuierlich abnehmenden Verlauf der Bodenpreise von der City zum Stadtrand hat sich bei den Geschoßflächenpreisen folgendes geändert: Hohe Preise kennzeichnen nach wie vor die Situation in der City. Gegen den Cityrand ist mit Ausnahme der nördlichen Bereiche ein starker Preisabfall bis zur niedrigsten Preiskategorie von weniger als 320.— DM festzustellen. Gegen den Stadtrand beginnen die Preise wieder erheblich, zum Teil bis in die höchste Wertkategorie von über 680.— DM (Harlaching und Solln) zu steigen.

Hohe Geschoßflächenpreise in der City, niedrige Preise in den Wohngebieten der Innenstadt und hohe Preise am Stadtrand würden bei einem vertikalen Schnitt durch das Wertgefüge zu einem U-förmigen Preisverlauf vom Zentrum zum Stadtrand führen. Damit hat sich das Wertminimum vom Stadtrand zu den inneren Stadtbezirken verlagert.

Die Feststellung ALONSO's [17], wonach die Reichen auf dem billigen Boden, die Armen auf den teuren Böden leben, gewinnt unter der Aussage der Geschoßflächenpreiskarte einen völlig neuartigen Aspekt. In Wirklichkeit leben die Reichen auf den teuren und die Armen auf den billigen Böden, wenn man der Betrachtung Boden *einheitliche Qualitätsmerkmale* zugrundelegt, d. h. wenn man den Einfluß der Nutzungsintensität auf den Bodenpreis eliminiert, wie das in den Geschoßflächenpreisen bewerkstelligt worden ist.

Nachdem es gelungen ist, das Maß der Nutzung aus dem Bodenpreis herauszufiltern, soll versucht werden, dem Einfluß der Nutzungsart bei der Interpretation dadurch Rechnung zu tragen, daß möglichst nur auf Grund der Ausweisung im Flächennutzungsplan [18] vergleichbare Gebiete einander gegenübergestellt werden, so daß verbleibende Preisunterschiede auf den Einfluß der Lage zu reduzieren sind, die sich bei Wohngebieten folgendermaßen darstellen lassen: Entfernungslage, Verkehrslage, Wohnlage, Geschäftslage und — bei mehrgeschossiger Bebauung — die Stockwerkslage sowie die Gesellschaftslage. Letztere „gibt den Grad der Exklusivität des Wohnbezirkes an und enthält Aussagen über die soziologische Schicht, der die Mehrheit der Bewohner in dieser Lage angehört" [19].

Bereits in den Karten 5, 6 und 7 konnte auf Grund der Bodenpreise die Feststellung getroffen werden, daß die südöstlichen, südlichen und südwestlichen Stadtrandbezirke einer höheren Bewertung unterliegen als die vergleichbaren nördlichen Bereiche [20]. Allerdings präsentierte sich diese Differenzierung weit weniger ausgeprägt als in der Geschoßflächenpreiskarte, in der feinste Nuancen parzellenscharf durch die unterschiedliche Bewertung hervortreten. Der Norden Münchens wird seit Jahrzehnten durch militärische Areale einerseits und große Industrieflächen andererseits beeinflußt [21]. Siedlungsprägend sind nicht zuletzt — neben neueren Großprojekten wie dem Hasenbergl [22] — die Siedlerstellen aus den 30-er Jahren (Reichskleinsiedlung Freimann und „Am Hart" sowie die Siedlerstellen Neuherberge und Kaltherberge, die wilde Schießplatzsiedlung Freimann und die Eisenbahnsiedlung [23].

Nicht von ungefähr wurde der Bauschutt der Zerstörungen des 2. Weltkrieges nach Norden verfrachtet; die Müllhalden von Großlappen befinden sich ebenfalls am nördlichen Stadtrand.

Ein überaus hoher Anteil von Arbeitern kenn-

---

[17] Vgl. S. 67 f.

[18] Baureferat der Landeshauptstadt München: München Flächennutzungsplan Grundlagen- und Beipläne, a. a. O., S. X.

[19] Seidewinkel, H.: a. a. O., S. 88—89.

[20] Dieser Umstand wird von Borcherdt, Ch., mit der größeren Nachfrage einerseits und der Nähe zu den Erholungsgebieten andererseits erklärt. Vgl. Borcherdt, Ch.: Die Wohn- und Ausflugsgebiete in der Umgebung Münchens, a. a. O., S. 178.

[21] Vgl. Thürauf, G.: Industriestandorte in der Region München. Dissertation am Wirtschaftsgeographischen Institut der Universität München. München 1971, S. 109.

[22] Vgl. Zapf, K., Heil, K., Rudolph, J.: Stadt am Stadtrand. Eine vergleichende Untersuchung in vier Münchner Neubausiedlungen. Veröffentlichungen des Instituts für angewandte Sozialwissenschaft, Bd. 7, Frankfurt/M. 1969.

[23] Vgl. Fehn, H.: Zeitbedingte Wachstumserscheinungen an den Großstadträndern der Gegenwart, a. a. O., S. 297 ff.

zeichnet die Sozialstruktur, daneben sind Beamte und Angestellte stark vertreten.

Ähnliche Sozialstrukturdaten lassen sich für die niedrig bewerteten Innenstadtgebiete anführen. Hier tritt allerdings noch eine starke Überalterung der Wohnbevölkerung sowie ein überaus hoher Anteil von Gastarbeitern hinzu [24]. Dazu kommt vielfach eine stark mit Gewerbebetrieben durchsetzte, vor allem aber stark überalterte Bausubstanz, die den heutigen sanitären Ansprüchen in vielerlei Hinsicht nicht mehr gerecht werden kann [25].

Sowohl der nördliche Stadtrand, z. B. die Siedlungsgebiete entlang der Schleißheimer Straße, das Hasenbergl, der Harthof, oder entlang der Ingolstädter Straße die Siedlung Neuherberge, als auch die südöstlichen, südlichen und südwestlichen Innenstadtgebiete in Gestalt der Stadtbezirke Haidhausen, Au, die südlichen Teile des Schlachthof- und Glockenbachviertels, nördliche Bereiche von Giesing und Sendling sowie das Westend, zeigen eine weitgehende Übereinstimmung bezüglich der Geschoßflächenpreise und der Sozialstruktur der Wohnbevölkerung.

Grundverschieden dagegen ist die Wertausprägung in den nördlichen, nordwestlichen und nordöstlichen Wohnbereichen, die an die Innenstadt angrenzen. Sie weisen hohe bis allerhöchste Geschoßflächenpreise auf und sind hinsichtlich der Bewertung mit den südlichen Stadtrandbezirken durchaus zu vergleichen.

Neuhausen-Nymphenburg, Maxvorstadt, Schwabing-West und Bogenhausen weisen überdurchschnittlich hohe Anteile von Beamten und Angestellten auf. Die Selbständigen sind stark vertreten; der Anteil der Arbeiter ist gegenüber den südlichen innerstädtischen Wohngebieten wesentlich weniger stark ausgeprägt. Ein Vorherrschen der sozialen Mittel- und Obergruppen ist für diese Bereiche charakteristisch.

Die Parallelen bezüglich der Höhe der Geschoßflächenpreise in den nördlich der Innenstadt gelegenen Wohngebieten und den südlichen Stadtrandbezirken lassen sich auf die Sozialstruktur übertragen, die auch in diesen Wohngebieten von der sozialen Mittel- und Oberschicht getragen wird. Die Sozialstruktur der Wohngebiete spiegelt sich ganz offensichtlich in den Geschoßflächenpreisen wider [26].

Der Geschoßflächenpreis gestattet aber nicht nur eine Differenzierung der Wohngebiete auf großräumiger Basis, sondern er erlaubt auch eine kleinräumliche Differenzierung der Wohnbereiche im Stadtgebiet. An der obersten Spitze der Hierarchie stehen nach der Gunst der Lage, wie sie im Geschoßflächenpreis zum Ausdruck kommt, Bogenhausen mit dem Herzogpark, Teile von Schwabing, insbesondere in der Nähe des Englischen Gartens, Nymphenburg, Solln und Harlaching. Etwas geringer bewertet sind die westlichen Wohngebiete Obermenzing, Pasing, Laim und Großhadern, Forstenried (Maxhof) und große Teile der westlichen Bereiche von Solln.

Die etwas geringere Gunst der Lage, wie sie in der Bewertung für Trudering und Berg am Laim zum Ausdruck kommt, ist vermutlich auf die Nähe des Verkehrsflughafens München-Riem zurückzuführen.

Welch großen Einfluß das Maß der Bebauung auf die Bewertung der Wohngebiete hat, zeigen die auf den Baublock genauen Wertunterschiede, wie sie in Karte 11 in Erscheinung treten. Bogenhausen und der Herzogpark sind hierfür gute Beispiele. Die Ismaninger Straße ist auf der östlichen Seite bei überwiegend geschlossener Bebauung durchgehend um 1—2 Wertstufen tiefer bewertet als die westliche Seite mit vorwiegend offener Bebauung. Der Herzogpark, in dessen südlichen Teilen geschlossene Bebauung vorherrscht, ist dort billiger als in den nördlichen Teilen, in denen die offene Bebauung dominiert. Der Maxhof im südlichen Stadtbereich mit Villenbebauung ist um 2—3 Wertstufen höher angesetzt als die unmittelbar angrenzenden Wohngebiete von Fürstenried. Derlei Beispiele sind mannigfach verstreut über das ganze Stadtgebiet anzutreffen.

Die Tatsache, daß die heute zur Sanierung anstehenden innerstädtischen Wohngebiete einer

---

[24] Vgl. Stadtentwicklungsreferat der Landeshauptstadt München. Kommunalpolitische Aspekte des wachsenden ausländischen Bevölkerungsteils in München. Arbeitsberichte zur Fortschreibung des Stadtentwicklungsplans Nr. 4, München 1972, S. 44 ff.

[25] Vgl. Baureferat der Landeshauptstadt München: Münchner Osten — Grundlagenuntersuchungen zur Stadterneuerung, München 1970. Strukturkarten: Insbesondere Alter der Gebäude, Zustand der Gebäude.

[26] Vgl. Ganser, K.: Sozialgeographische Gliederung der Stadt München auf Grund der Verhaltensweisen der Bevölkerung bei politischen Wahlen, in: Münchner Geographische Hefte (1966) 28, S. 97 ff. Ein Vergleich der in Abb. 27, 28, 29 und 30 auf Stadtbezirksbasis kartierten Sozialstruktur bestätigt diese These.

minderen Bewertung unterliegen als die bevorzugten stadtrandnahen Wohngebiete, wie sie im Geschoßflächenpreis erst deutlich hervortritt, ist im Grunde genommen nicht weiter verwunderlich. Es taucht aber in diesem Zusammenhang die Frage auf, ob diese Gebiete immer derart schlecht bewertet wurden, oder ob es sich hier um einen allmählichen Stagnationsprozeß der Preisentwicklung handelt, der nur deswegen auf den Bodenpreiskarten nicht zutage treten kann, weil die absolute Preissteigerung in den Innenstadtgebieten auf Grund der um ein Vielfaches höheren Nutzung immer noch größer ist als in den Stadtrandgebieten, wohingegen die relative Preissteigerung in den Außenbezirken diejenige der innerstädtischen erheblich übertrifft, wie der Vergleich der Karten zu den einzelnen Zeitpunkten deutlich beweist.

Die differenzierte Nutzungsintensität der Stadtgebiete hat offensichtlich einen Preisentwicklungsprozeß verdeckt, der seit Jahrzehnten auf dem Bodenmarkt wirksam ist, aber in den Bodenpreiskarten nicht sichtbar werden kann. Die Entwicklung, wie sie sich seit etwa einem Jahrhundert zwischen den Villenvororten und dem jeweiligen Stadtgebiet vollzieht und die für diesen Prozeß verantwortlich ist, wird von BORCHERDT[27] am Beispiel des Villenvorortes Solln beschrieben. Das rapide Ansteigen der Bodenpreise in Solln in der letzten Zeit ist dabei insbesondere auch auf die von der Stadt München vorgenommene Baustaffeländerung zurückzuführen, die eine erhebliche Steigerung der Ausnutzung der Grundstücke gegenüber früheren Jahren gestattet.

2. Die räumliche Regelhaftigkeit städtischer Bodenpreissteigerungen

Die bisherigen Betrachtungen der Bodenpreissituation in den einzelnen Jahren gehen davon aus, daß der Mittelwert ein repräsentatives Maß für die durchschnittliche Preissteigerung des städtischen Bodenwertgefüges, mithin aller Grundstücke — unabhängig von ihrer baulichen Verwendungsmöglichkeit, Nutzungsintensität und Lage — darstellt.

Die herrschende Meinung besteht sogar darin, daß die statistischen Mittelwerte der amtlichen Statistik bereits die durchschnittliche Preissteigerung pro Jahr und Gebiet zum Ausdruck bringen. Es konnte gezeigt werden, daß der mit Hilfe einer flächenproportionalen Stichprobe über das gesamte Stadtgebiet ermittelte Wert denjenigen Mittelwerten an Aussagefähigkeit überlegen ist, die nur auf Grund der veräußerten Grundstücke zustandekommen, wenn es darum geht, die Frage zu beantworten, wie sich ein Gebiet von den Ausmaßen einer Stadt wie München preislich von einem Zeitpunkt zum anderen verändert hat.

Allein die Tatsache, daß die am Stadtrand gelegenen Lagen eine wesentlich größere relative Wertsteigerung im Zeitablauf erfahren als die zentrumsnahen Lagen, deutet darauf hin, daß auch das Verfahren des flächenproportionalen Mittelwertes ein, wenn auch verbessertes, so doch immer noch sehr grobes Verfahren zur Beurteilung gesamtstädtischer Bodenpreissteigerungen darstellt, weil es billige und teure zentrumsnahe und -ferne Grundstücke in einen Wert mit einbezieht. Beide Arten von Mittelwerten unterstellen, daß sich das gesamte Preisgefüge in dem Maße verändert, wie es durch die Mittelwerte zweier Zeitpunkte zum Ausdruck gebracht wird.

Wesentlich besser wären statt eines Mittelwertes viele Mittelwerte, welche je nach der Lage im Stadtgebiet die unterschiedlichen Wertsteigerungen zum Ausdruck bringen könnten. Das starke relative Ansteigen der Preise am Stadtrand weist mit aller Nachdrücklichkeit auf die Notwendigkeit der getrennten Bearbeitung unterschiedlicher Lagen hin.

Die Wahl der Zeitspanne, in der eine derartige Untersuchung durchgeführt wird, ist dabei von besonderer Bedeutung. Je kürzer die Zeitdauer, umso stärker treten lokal und temporär begrenzte Sondereinflüsse hervor. Je länger die Zeitspanne, d. h. je weiter die beiden Vergleichsjahre voneinander entfernt sind, umso stärker treten die generellen Preisveränderungstendenzen in den Vordergrund, während Sondereinflüsse sich nivellieren.

Diese Überlegungen gaben den Ausschlag für die Wahl der Zeitpunkte 1904 und 1969/70. Grundlage für den Preisvergleich ist daher das Stadtgebiet in den Grenzen von 1904, wie es in Karte 4 eingezeichnet ist.

[27] Vgl. Borcherdt, Ch.: Der Wandlungsprozeß der Bebauung großstädtischer Villenvororte, erörtert am Beispiel von München-Solln, a. a. O., S. 58 ff.

Ausgangsmaterial einer derartigen Analyse, die zu lagespezifischen Mittelwerten im Stadtgebiet führen soll, sind die gleichen Stichprobendaten, welche bereits für die gesamtstädtische Mittelwertberechnung Verwendung fanden.

Allerdings wurden die Werte nicht nach Jahrgängen getrennt bearbeitet, sondern die Fragestellung lautete diesmal: Was kostet jedes in die Stichprobe einbezogene Grundstück im Jahre 1904 und was kostet eben dasselbe Grundstück 1969/70? Für jedes Stichprobengrundstück ergab sich somit ein Wertepaar, nämlich der Preis aus den Jahren 1904 und 1969/70.

Unter der Hypothese, daß die Preise — wie in den einzelnen Jahren sehr deutlich zu beobachten war — vom Zentrum zum Stadtrand fallen, müssen auch die Wertepaare aus der Stichprobe bei entsprechender Anordnung den gleichen Verlauf im Stadtgebiet aufweisen. Die niedrigen Werte liegen demnach am Stadtrand, die hohen Werte im Zentrum. Die zentrale Frage ist demnach, ob die Wertepaare bei der räumlichen Darstellung einer irgendwie gearteten Regelhaftigkeit in ihrem Verlauf unterliegen und ob daraus allgemeingültige Erkenntnisse über die Bodenpreisveränderungen im Stadtgebiet in großen Zeiträumen gewonnen werden können.

Aufgrund der Tatsache, daß die Preise generell, d. h. zeitunabhängig vom Zentrum zum Stadtrand fallen, ergibt sich die Möglichkeit, die Werte entsprechend ihrer Höhe und somit näherungsweise auch ihrer Lage gemäß im Stadtgebiet in ein Koordinatensystem einzutragen.

Um das Verfahren zu vereinfachen und die Zahl der Werte auf ein übersichtliches Maß zu reduzieren, wurden die Werte durch Gruppenbildung zusammengefaßt. So wurden z. B. alle Werte, die 1904 zwischen 10.— bis 20.— Mark lagen, zu einem Mittelwert zusammengefaßt, analog wurde ein Mittelwert für die zugehörigen Werte von 1969/70 gebildet. Dies wurde in kleinen Schritten über die gesamte Werteskala vom kleinsten bis zum höchsten Bodenpreis durchgeführt. Sodann wurden die Preise von 1904 der Abszisse, die Preise von 1969/70 der Ordinate zugeordnet und in das Koordinatensystem eingetragen, das so ausgelegt war, daß die Preisspannen vom niedrigsten zum höchsten Wert für beide Jahre — unabhängig von der tatsächlichen Höhe der Werte — annähernd die gleiche metrische Distanz auf den Achsen beanspruchten. Bei dieser Darstellung erfüllt die Abszisse zweierlei Funktion:

1. Sie ist *Wertachse* für die Bodenpreise von 1904, die vom Ursprung ausgehend gemäß dem Verlauf der x-Achse kontinuierlich steigen.
2. Sie gibt unter Zugrundelegung der vorangestellten Prämisse (Preise fallen vom Zentrum zum Stadtrand) auch die Entfernung wieder, wobei der Ursprung mit den niedrigsten Bodenpreisen den Stadtrand darstellt, der Höchstwert das Zentrum der Stadt verkörpert. Die Veränderung der Entfernung ist jedoch keinesfalls mit dem linearen Preisanstieg auf der Abszisse zu verwechseln.

Für die Beurteilung des tatsächlichen Ergebnisses ist die Diskussion einiger theoretisch denkbarer Lösungen von Nutzen. Wären beispielsweise alle Grundstücke des Stadtgebietes um den gleichen absoluten Betrag im Zeitraum 1904—1969/70 angestiegen, so müßte sich angenähert eine Gerade ergeben. Wie bereits erörtert wurde, ist diese Lösung sehr unwahrscheinlich, weil bereits in den Karten deutlich zu beobachten war, daß die am Stadtrand gelegenen Bereiche zumindest relativ erheblich stärker anstiegen als die innerstädtischen Lagen, d. h. es könnte sich eventuell ein gekrümmter Kurvenzug mit degressiv verlaufenden Steigerungsraten ergeben.

Dies ist deshalb unwahrscheinlich, weil es bedeuten würde, daß die zentralen Innenstadtlagen der City den geringsten absoluten Wertzuwachs zu verzeichnen hätten, so daß unter diesem Aspekt eher ein gekrümmter Kurvenverlauf mit progressiv verlaufenden Steigerungsraten denkbar wäre. Das reale Ergebnis eines sigmoiden Kurvenverlaufs[28], wie es in Abb. 9, S. 75 dargestellt wird, birgt letztlich Komponenten aller drei theoretisch denkbarer Lösungen in sich und kann mathematisch wie folgt dargestellt werden[29]:

$$y = 144{,}69\, x^{0{,}39} \cdot e^{6{,}38 x \cdot 10^{-4}} \quad (8{,}5 \leq x \leq 1800)$$

Die Koordinaten des Wendepunktes betragen: (367,68/1823,42).

Für die räumliche Interpretation des Ergebnisses ist zunächst einmal entscheidend, daß es tatsäch-

---

[28] Kurve mit Wendepunkt.
[29] Zur näheren Erläuterung des Ergebnisses vgl. Mathematischen Anhang, S. 82.

Abb. 9 Die räumliche Ausprägung der Preissteigerung
1904-1969/70

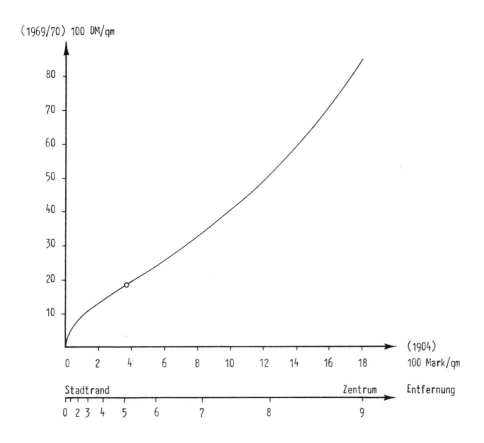

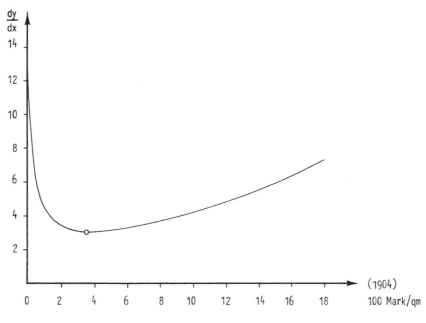

lich unterschiedliche raumrelevante Wertsteigerungen im Stadtgebiet gibt, die sich auf Grund der durch die Preishöhe gegebenen Lokalisationsmöglichkeit in 3 Bereiche gliedern lassen:

1. Die Stadtrandzone mit den höchsten Wertsteigerungen. Sie erhält ihre Gepräge insbesondere durch den Baulandentstehungsprozeß, in welchem gewaltige Wertsteigerungen innerhalb kürzester Zeit möglich sind.

2. Im Anschluß an diese Bereiche höchster Wertsteigerung läßt die Steigerung in Richtung Innenstadt allmählich nach, um in den Randbereichen der Innenstadt selbst gegen ein Minimum zu streben.

3. In Richtung Zentrum beginnt sich dann wieder ein stärkerer Preisanstieg abzuzeichnen, der seinen Gipfelpunkt im Höchstwert, d. h. in der zentralsten Lage der Innenstadt besitzt.

Für das Interpretationsergebnis ist es von besonderer Bedeutung, daß die lineare Veränderung des Preises auf der Abszisse mit der räumlichen Distanzveränderung nicht identisch ist. Der starke Preisanstieg des Stadtrandes spielt sich auf einem wesentlich größeren Raum ab, als der Preisanstieg in der Innenstadt, der sich, räumlich betrachtet, in vergleichsweise bescheidenen Dimensionen abspielt.

Mit Sicherheit ist die Bodenpreissteigerung ein guter Indikator für die Dynamik städtischen Wachstums. Die Differentiation der Ausgangskurve ermöglicht in Form der 1. Ableitung die Bestimmung der Preissteigerung in den einzelnen Kurvenpunkten. Deutlich tritt der Wendepunkt als Ort minimalsten Wertzuwachses in Erscheinung [30]. Der Stadtrand wird damit als Bereich höchster Dynamik eingestuft. Ihm folgt der Kernbereich der Stadt. Als Zone geringster Dynamik werden die Innenstadtrandbereiche ausgewiesen. Bezeichnenderweise spiegelt die Preisveränderung das gleiche Bild, wie es bereits von den Geschoßflächenpreisen mit absoluten Werten ohne zeitliche Veränderung aufgezeigt wurde, wider. Danach erwies sich der überwiegende Teil der Stadtrandbereiche und das Zentrum selbst als bevorzugte Lagen, wohingegen der Innenstadtrand einer weitaus minderen Bewertung unterlag.

3. Der Cityrand als Ort minimalster Bodenpreissteigerungen

Der Vorteil von gebietstypischen Mittelwerten gegenüber einem einzigen Wert für das gesamte Stadtgebiet ist bereits dargelegt worden und hat durch die Feststellung, daß die Preise tatsächlich nicht im ganzen Stadtgebiet einheitlich steigen, noch an zusätzlicher Bedeutung gewonnen.

Die Preissteigerungskurve 1904—1969/70 kann nun als Aneinanderreihung solcher gebietstypischer Mittelwerte gedacht werden. Folglich ist es durch Herausgreifen einiger markanter Punkte, die sich als Schwellenwerte für das Wertgefüge von 1904 eignen, möglich, die entsprechenden Schwellenwerte von 1969/70 unter Berücksichtigung ihres gebietsspezifischen Wertanstiegs an der Ordinate abzulesen, oder auf Grund der vorhandenen Funktion $y = f(x)$ die entsprechenden y-Werte (1969/70) bei Vorgabe der x-Werte (1904) zu errechnen.

Dieses Verfahren hat gegenüber der bei der Darstellung des gesamtstädtischen Preisgefüges angewandten Methode mit nur einem Mittelwert erhebliche Vorteile und liegt der Kartierung des Bodenpreisgefüges von 1904 und 1969/70 in der Münchner Innenstadt zugrunde. In dem Bestreben, die bauliche Situation, den Straßenverlauf und deren damalige Namen, wie sie für die Wertausprägung von 1904 von Bedeutung ist, möglichst originalgetreu wiederzugeben, wurde eine Karte der damaligen Zeit erstellt.

Die Bodenpreise der Innenstadt in Karte 12 im Jahre 1904 reichen von weniger als 190.— Mark/qm bis zu 1800.— Mark/qm, dem damaligen Höchstwert. Der Verlauf der mittelalterlichen Stadtumwallung läßt sich nicht nur an Hand des Straßenverlaufes, sondern auch sehr deutlich durch die das Stadtgebiet umgreifenden hohen Bodenpreise erkennen. Das gleiche Phänomen trifft für die ältere, vormittelalterliche Stadtmauer bzw. den von ihr abgegrenzten Raum zu, der — mit Ausnahme des Frauenplatzes sowie der Landschafts- und Gruftstraße — von höchsten Bodenpreisen gekennzeichnet wird.

Im Vergleich zu den Bodenpreisen aus dem 18. Jahrhundert [31] läßt sich feststellen, daß das Stra-

---

[30] Vgl. Abb. 9, S. 75.
[31] Vgl. Karte 1.

Karte 14
Die Bodenpreise in der Münchner Innenstadt
Verlagerung des Cityrandes 1904–69/70

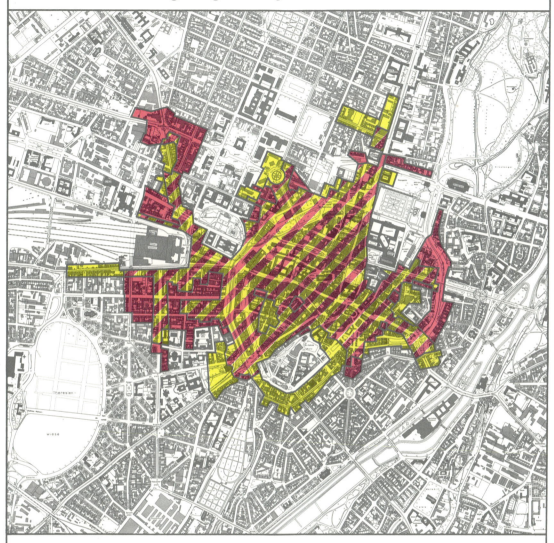

 City 1969/70: Stadtgebiet mit Richtwerten über 1823.– DM/m²

 City 1904: Stadtgebiet mit Bodenpreisen über 368.– Mark/m²

Maßstab 1 : 25 000

Quellen: – Muckenthaler, J.; Werttabellen zur Berechnung des Grund- und Bodenwertes sowie der Wohngebäude in München, 1. Aufl. München 1904
– Gutachterausschuß der Landeshauptstadt München; Richtwerte zum 31.12.1969/1.1.1970

Kartengrundlage: Städtisches Vermessungsamt München 1969

Entwurf: Th. Polensky

Kartographie: F. Eder u. H. Sladkowski

Wirtschaftsgeographisches Institut der Universität München 1974

Vorstand Prof. Dr. K. Ruppert

ßenkreuz, welches zu jener Zeit die sozialräumliche Trennung symbolisierte, auch 1904 eindeutig höher bewertet wird als die dazwischenliegenden Bereiche. Die höchsten Bodenpreise, damals auf die Innenstadt begrenzt, treten jetzt aber in zunehmendem Maße auch außerhalb der Stadtmauer in Erscheinung. Von dieser Tendenz werden vor allem die westlichen Innenbereiche in Richtung des Hauptbahnhofes (Bayer-, Schützen-, Prielmaier-, Dachauer-, Elisenstraße), die nördlichen Bereiche, der Wittelsbacher- und Odeonsplatz (Brienner- und Ludwigstraße) sowie die östlichen Bereiche, insbesondere die Maximilianstraße, betroffen. Abgesehen von diesen, außerhalb der Altstadt gelegenen und hoch bis sehr hoch bewerteten Straßen, ist ein ziemlich rapides Abfallen der Preise in den altstadtnahen Stadtbezirken festzustellen. Besonders kraß nimmt sich diese Erscheinung in den Isar-Vorstadtvierteln aus, die in der damaligen Zeit ein sehr eng bebautes, gutbürgerliches Wohnviertel darstellten.

Typisch für die damalige Zeit, in welcher der Hauptbahnhof eine zentrale Bedeutung für den Reiseverkehr hatte, ist die wertmäßige Orientierung der umgebenden Straßen auf diesen Punkt. Im Gegensatz zur heutigen Wertsituation ist eine merklich höhere Bewertung in den von Süden nach Nord in Richtung auf den Bahnhof verlaufenden Straßen festzustellen, wie das insbesondere bei der Goethestraße zum Ausdruck kommt als in den parallel zum Gleisstrang verlaufenden Straßen. Die Darstellung der Preissituation in den Jahren 1969/70 in Karte 13 weist auf den relativen Bedeutungsverlust des Bahnhofes für die nähere Umgebung hin. Die in Ost-West Richtung verlaufenden Straßen, insbesondere die Schwanthaler- und Landwehrstraße, sind höher bewertet als die in Nord-Süd Richtung verlaufenden Straßen, wie z. B. Schiller-, Goethe- und Paul-Heyse-Straße.

Bei einem allgemeinen Vergleich der Situation von 1969/70 und 1904 fällt zunächst die Tatsache auf, daß weite Teile keiner Bewertung unterzogen worden sind. Der Gutachterausschuß der Stadt München läßt sich bei seiner Argumentation von der Überlegung leiten, daß öffentliche Gebäude — und um solche handelt es sich im wesentlichen — seit Jahrzehnten keinen Eigentumswechsel und somit auch keinen realen Kaufpreis erzielt haben, der die Grundlage für eine Richtwertermittlung darstellt.

Kennzeichnend für die räumliche Verteilung der Bodenpreise 1969/70 gegenüber denen von 1904 ist eine ausgeprägte Polarisation der auftretenden Schwellenwertbereiche. Höchste Preise befinden sich neben Preisen der untersten Kategorie. Diese Erscheinung konzentriert sich auf die nördlichen, östlichen und südlichen Innenstadtrandbereiche, d. h. auf die Maxvorstadt, das Lehel und die gesamte Isar-Vorstadt. Ausgenommen von diesem Prozeß ist das Großhandelsviertel um die Schwanthaler- und Landwehrstraße sowie die nördlichen, in unmittelbarer Nähe des Hauptbahnhofes gelegenen Straßen, wie z. B. Arnulf-, Dachauer- und Elisenstraße, die aber bereits 1904 einer hohen Bewertung unterlagen.

Neben einer starken Auffüllung des Kreuzviertels mit höchsten Bodenpreisen hebt sich vor allem der Preisverfall in den südlichen Altstadtteilen ab, wobei das Angerviertel besonders hervortritt. Die höchsten Bodenpreise haben sich hier vorwiegend auf die historischen Bereiche der Altstadt und auf die Sendlingerstraße zurückgezogen. Ähnliche Tendenzen scheinen sich im Hackenviertel, im Bereich der Kreuzstraße, sowie im Graggenauer Viertel, in der Gegend Herren-, Marien-, Hildegardstraße anzubahnen. Hierbei ergibt sich die auffallende Parallele, daß das Kreuzviertel mit den zweifellos höchsten Preisen den höchsten Bevölkerungsverlust seit 1875 aufzuweisen hat, wohingegen das Angerviertel mit seinen niedrigen Preisen den geringsten Bevölkerungsverlust aufzeigt[32]. Während im City-Bezirk (Kreuzviertel) nur noch 1 321 Personen wohnhaft sind, leben im Angerviertel immerhin noch 5 430[33]. Bevölkerungsschwund einerseits und Bodenpreisanstieg andererseits sind eindeutige Hinweise auf Citybildung, wobei ein Rückgang der Bodenpreise zumindest auf ein relatives Absinken bezüglich der Bedeutung hinweist, letztlich aber einen Rückzug der City signalisiert. Mit City wird in Ermangelung einer allgemeingültigen Definition jener zentrale Altstadtbereich — in Analogie zur City of London bezeichnet — der seit jeher die höchste Konzentration des Handels- und Dienstleistungsgewerbes aufweist, und deren Rand gewissermaßen ein labiles bzw. stabiles Gleichgewicht zwischen Wohnfunktion einerseits und den Ar-

---

[32] Vgl. Steinmüller, G.: a. a. O., S. 12 ff.
[33] Vgl. Münchner Statistik (1971) Sonderheft 1, S. 49.

beitsstätten des tertiären Sektors andererseits darstellt.

Im Zusammenhang mit dem enormen Bevölkerungswachstum der letzten Jahrzehnte, das München in die Reihe der Millionenstädte eingliederte, und vor dem Hintergrund einer beachtlichen wirtschaftlichen Prosperität, die zu erheblichen Konsumsteigerungen breitester Schichten der Bevölkerung geführt hat, nimmt es sich jedoch recht sonderbar aus, von einer teilweisen räumlichen Schrumpfung jenes Gebietes zu sprechen, das letztlich die Kaufkraft abschöpft: nämlich die City. Um die angedeutete Vermutung unter Beweis zu stellen, ist eine Abgrenzung der City für die Jahre 1904 und 1969/70 notwendig.

Wie bereits die Diskussion der Wertsteigerungskurve gezeigt hat, weist diese Kurve einen Wendepunkt, d. h. einen Punkt aus, der die geringste Preissteigerung im Zeitraum 1904—1969/70 kenntlich macht. Bei der Lageinterpretation dieses Punktes im Stadtgebiet ist es durchaus realistisch anzunehmen, daß es sich um jenen Bereich handelt, in dem die ehemalige gebietsprägende Wohnfunktion verdrängt wird zu Gunsten anderer Funktionen, insbesondere tertiärer Funktionen; jenen Bereich also, den man gemeinhin als Cityrand bezeichnet. Innerhalb des Cityrandes herrschen realistischerweise höhere Bodenpreissteigerungen vor, die in Richtung der besten Lagen im Zentrum steigen; außerhalb in den überwiegend gründerzeitlichen Wohnvierteln, deren Sanierungsdringlichkeit offenkundig und für jedermann sichtbar zutage tritt, steigen die Preise zunächst nur geringfügig, wohingegen sie am Stadtrand in den bevorzugten Wohnlagen wieder stark steigen.

Die Koordinaten des Wendepunktes sind in Karte 12 und 13 als jeweils fünfter Schwellenwert markiert, so daß der Verlauf der City-Grenze und ihre Veränderung bereits aus den Farben dieser Karten hervorgehen. Um die Übersichtlichkeit noch zu erhöhen und die Tendenzen klarer hervortreten zu lassen, wurden in Karte 14 die jeweiligen Citygebiete noch einmal gesondert hervorgehoben. Darin symbolisieren die gelben Flächen die City von 1904, die roten Flächen die City von 1969/70, die gelb-rot gestreiften Flächen jene Bereiche, die sowohl 1904 als auch 1969/70 Citygebiet darstellten.

Auffallend ist dabei zunächst die weitgehende Übereinstimmung mit anderen Abgrenzungen der Münchner City. Es bleibt aber die Frage offen, nach welchen Kriterien der Abgrenzungsschwellenwert von 60 % des Höchstwertes ermittelt worden ist[34]. Die Abgrenzung nach GANSER[35] weist bedauerlicherweise überhaupt kein Abgrenzungskriterium auf, wenn sie auch im wesentlichen die entscheidenden Bereiche umfaßt. Dagegen tauchen hinsichtlich der Ausdehnungstendenzen, wie sie von GANSER ausgewiesen werden, berechtigte Zweifel auf angesichts der Schrumpfungstendenzen in weiten Teilen der südlichen Cityrandbereiche, wie sie der Vergleich von 1904 und 1969/70 aufzeigt. Die Ausdehnungstendenzen in Richtung des Großhandelsviertels[36], das sich als eigenständiges funktionales Zentrum — begünstigt durch die Kriegszerstörungen in der Schwanthaler- und Landwehrstraße sowie deren Verbindungsstraße in Richtung Hauptbahnhof — gebildet hat, erscheinen dagegen vor dem Hintergrund der Entwicklung in den vergangenen Jahrzehnten eher gerechtfertigt. Die südlich und westlich an die Innenstadt angrenzenden Gebiete sind bis zum heutigen Tag jedoch überaus stark von der Wohnfunktion geprägt[37].

Angesichts der Entwicklung, wie sie Karte 14 aufzeigt, wird man daher sowohl von einer Kontraktion als von einer Expansion der City sprechen können. Daran ändert auch die Beobachtung wenig, daß 1936 gegenüber 1904 in den Gesamtstadtkarten, speziell in der Innenstadt, ein enormer Preisanstieg zu beobachten war, der zwar induziert wurde von einer starken Ausweitung klein- und mittelständischer Handels- und Gewerbebetriebe, wie sie heute noch für die Isar-Vorstadt (z. B. Reichenbachstraße) charakteristisch sind; spätestens nach Überwindung des wirtschaftlichen Zusammenbruchs nach dem zweiten Weltkrieg setzte aber eine Entwicklung ein, die über

---

[34] Vgl. Niemeier, G.: a. a. O., S. 298 ff.

[35] Vgl. Ganser, K.: Die Münchner City, Geschäftszentrum für 3 Millionen Kunden, a. a. O., S. 240.

[36] Vgl. Steinmüller, G.: a. a. O., S. 23.

[37] Das Wirtschaftsgeographische Institut unter Leitung von Prof. Dr. K. Ruppert hat im Rahmen eines stadtgeographischen Praktikums im WS 1972/73 eine stockwerksweise Nutzungskartierung (16 Gruppen) für die City und deren Randgebiete durchgeführt. Eines der auffälligsten Ergebnisse war der überaus hohe Anteil von Wohnungen in den genannten Bereichen. Während im Westen die Gastarbeiter dominieren, überwog in den südlichen Bereichen die einheimische Bevölkerung.

kurz oder lang das Ende der in der Zwischenkriegszeit florierenden Familienunternehmen bedeutet. Die Konzentrationstendenzen des Handels, wie sie in Kaufhäusern, Spezialgeschäften und Supermärkten ihren Ausdruck finden, haben nach einer bis zum ersten Drittel des Jahrhunderts sich abzeichnenden Expansion der City zu einer Kontraktion derselben geführt, wie dies sehr deutlich beim Vergleich der Karten 4, 5, 6 zum Ausdruck kommt.

Die Kontraktion der hohen Wertstufen verlief aber parallel mit einer gewaltigen Intensivierung der Nutzung innerhalb der heutigen City. HANTSCHK bemerkt dazu: „Die Passagen- und Etagengeschäfte sind durch eine gemeinsame Entstehungsursache miteinander verknüpft; sie bedeuten eine Intensivierung der Einzelhandelsfunktion innerhalb der City, ohne daß dabei die Grenzen der City ausgeweitet zu werden brauchen. Die Etagengeschäfte bringen eine vertikale Ausweitung, die Geschäfte in den Passagen eine horizontale innere Cityerweiterung."[38] Diese Feststellungen können dahingehend ergänzt werden, daß sich innerhalb der City eine weitere, damals erst in Ansätzen sichtbare vertikale Nutzungsintensivierung breit macht, die man mit basement oder unterirdischem Einkaufszentrum bezeichnen kann. Dies ist eine Erscheinung, die in den vergangenen Jahrzehnten auf die genutzten Kellergeschosse der Kaufhäuser beschränkt war, im Zuge des Ausbaues von innerstädtischen Nahverkehrsverbindungen aber zu selbständigen Nutzungsgemeinschaften, wie z. B. im Stachus, geführt hat.

Das Zusammenwirken aller drei Konzentrationserscheinungen des Handels hat letztlich neben einer gewissen Erweiterung in den Bereichen nördlich und südlich des Hauptbahnhofes zu einer Kontraktion vor allem im Süden geführt. Die gegenüber 1904 geringfügige räumliche Veränderung der City ist auf die starke Nutzungsintensivierung innerhalb der alten Grenzen zurückzuführen und wird aller Voraussicht nach auch für die künftigen Jahre entwicklungsbestimmend sein.

---

[38] Hantschk, W.: Die City — Detailstudien zur Standortdifferenzierung von Einzelhandelsgeschäften im Geschäftszentrum von München. In: Verhandlungen des Deutschen Geographentages, Bd. 36, Wiesbaden 1969, S. 134.

SCHLUSSWORT

Die Landschaft als Bezugsfläche aller geographischen Wissenschaft .... ist das Ergebnis menschlicher Wertung[1]. Dieser aus einem ganz anderen Anliegen heraus formulierte Satz stellt eine fundamentale Erkenntnis der Sozialgeographie dar und hat vor dem Hintergrund dieser Arbeit einen weiteren Interpretationsinhalt erfahren. Kein Raum der Erdoberfläche ist einer derart intensiven und differenzierten Bewertung durch den Menschen unterzogen, wie diejenigen Teile der Landschaft, die man als Siedlungen, Städte, Metropolen oder ganz einfach als Stadtlandschaft im Sinne eines regionsumspannenden Raumes bezeichnet.

Die Literatur zum Thema Bodenpreise ist derart mannigfaltig und verwirrend, daß ein Teil der Arbeit letztlich darauf beruhte, diejenigen Aspekte und Anregungen herauszuarbeiten, denen ein realer räumlicher Bezug zugrunde lag. Die Feststellung, daß diese konkrete Raumbezogenheit einer Vielzahl von Arbeiten, die sich mit Bodenpreisen beschäftigen, gänzlich fehlt, nimmt unter Bedacht der Tatsache, daß nur ein kleiner Teil von Seiten der Geographie zu diesem Problemkreis beigesteuert wird, zunächst nicht wunder.

Aber selbst die geographischen Arbeiten und Denkansätze an diesem Themenkreis beschäftigen sich i. d. R. ausschließlich mit interessanten Teilaspekten, z. B. der City oder einem Subzentrum, oder sie untersuchen die Frage, in welchem Maße der Gesamtraum von irgendwelchen Preiseinflußfaktoren bis hin zur Anzahl der Fernseh- und/oder Radiostationen beeinflußt wird. Vielfach ist dieser Mangel an umfassenden Untersuchungen, aber auf das Fehlen von statistischem Grundlagenmaterial zurückzuführen bzw. damit zu erklären, daß diese Daten vielfach aus der Befürchtung, die Geheimhaltungspflicht zu verletzen, von den betreffenden Stellen an die Wissenschaft nicht herausgegeben werden. Die veröffentlichten Daten hingegen sind derart global gehalten, daß sie für eine kleinräumliche Untersuchung nahezu ungeeignet erscheinen.

Jedoch hat die detaillierte Analyse der amtlichen Statistik gezeigt, daß die Gegenüberstellung einzelner Teilräume, z. B. im Rahmen eines Städtevergleichs, sehr wohl brauchbare Erkenntnisse liefern kann. Die Spitzenposition in Bezug auf die Bodenpreise, wie sie für München heute als Selbstverständlichkeit angesehen wird, zeichnete die bayerische Metropole bereits um die Jahrhundertwende im Vergleich zu den Städten Frankfurt, Hamburg und Köln aus, begann sich aber im Verlauf des 20. Jahrhunderts zunächst einmal zu verlieren.

Die weitverbreitete Ansicht, daß die Bodenpreise 1936 eingefroren wurden, weil sie einen extremen Höchststand erreicht hatten, kann als widerlegt angesehen werden. Das Stoppen der Preise diente vielmehr der Konservierung eines äußerst niedrigen Preisniveaus.

Das Anliegen der Arbeit bestand darin, die in den Bodenpreisen dokumentierten Bewertungsmuster sozialer Gruppen, in die sich die Bewohner einer Stadt gliedern, zu analysieren. Das städtisch geprägte Wertgefüge des 18. Jahrhunderts weist dabei interessanterweise bereits Parallelen auf, die sich mit gewissen Veränderungen, im wesentlichen aber bis zum heutigen Tage als prägend in der Physiognomie der heutigen City erhalten haben, was einen unübersehbaren Hinweis auf die Persistenz von Strukturen einerseits und die konsequente milieuerhaltende Abfolge ganz bestimmter, nicht irgendwelcher Funktionen hindeutet.

Das Wertgefüge von 1904 ist dadurch charakterisiert, daß 1904 die nördlichen Stadtbezirke eindeutig höher bewertet wurden als die südlichen. In Verbindung mit einem großen Flächenwachstum des Stadtgebietes kommt es zu einer Umorientierung der Bewertung, wie sie im Wertgefüge von 1936 erstmalig sichtbar wird.

Diese damalige Aufwertung des Münchner Südens ist prägend für die heutige Situation und findet ihre konsequente Fortsetzung in der Region, deren Marktgeschehen in den 60-er Jahren durch eine gewaltige Konzentration gekennzeichnet ist. Dies wird durch die Aussage belegt, daß 20 Gemeinden

---

[1] Vgl. Hartke, W.: Gedanken über die Bestimmung von Räumen gleichen sozialgeographischen Verhaltens, in: Erdkunde XIII (1959) 4, S. 426.

über die Hälfte aller Flächen verkaufen und mehr als ²/₃ der Kaufsumme im Zeitraum 1962—68 erzielen.

Die Beeinflussung des Bodenpreises durch das Nutzungsmaß und dessen Isolierung verändern das Wertgefüge entscheidend. Der Geschoßflächenpreis spiegelt wie kaum ein anderer Indikator die Gunst der Lage und Elemente des Sozialgefüges im Stadtgebiet. Sanierungsgebiete werden genauso deutlich sichtbar wie Gebiete, die in absehbarer Zeit sanierungsfällig werden. Die wertmäßige Klassifizierung von Wohngebieten ist auf den Baublock exakt aus dem Kartenbild zu entnehmen.

Die Erkenntnis, daß die Bodenpreise in großen Zeiträumen nicht gleichmäßig steigen, wie es statistische Mittelwerte vortäuschen, sondern die Tatsache, daß die Preise in der City und am Stadtrand stark steigen, am Cityrand dagegen ein Steigungsminimum aufweisen, dessen räumlicher Bezug zu einer Abgrenzung der City herangezogen werden kann, ist möglicherweise eine wesentliche Hilfe für die Beurteilung künftiger Wertentwicklungen im Stadtgebiet und in der Region.

Die Fülle von Informationen über die Ausprägung und Veränderung städtischer und regionaler Wertgefüge sollen eine Anregung für die Planung darstellen, diesen aussagekräftigen Indikator bei regionalen Analysen verstärkt in Anwendung zu bringen. Die Arbeit verfolgt aber auch den Zweck, all jene Institutionen, die über das entsprechende Datenmaterial verfügen, davon zu überzeugen, daß die Herausgabe an die Wissenschaft nicht zur Verletzung der Geheimhaltung führt, sondern dazu dient, räumliche Strukturen verorteter Grunddaseinsfunktionen zu erklären, ihre Wandlungen zu erkennen und ihre Planung zu verbessern.

MATHEMATISCHER ANHANG

1. Methode der kleinsten Quadratsummen

Am Anfang der Überlegungen über den eventuellen funktionalen Zusammenhang zweier Variablen x und y steht i. d. R. ein Streuungsdiagramm, welches darüber Aufschluß geben kann, um welche Art von Zusammenhang es sich handelt, d. h. welcher Kurventyp den Verlauf der Wertepaare etwa zu beschreiben imstande ist.

Im vorliegenden Fall wies die durch die Punkteschar gelegte Kurve einen sigmoiden Verlauf, d. h. einen deutlich erkennbaren Wendepunkt auf. In Anbetracht dieser Tatsache, standen unter Berücksichtigung der zur Verfügung stehenden rechnerischen Hilfsmittel (Kleincomputer: 32 Programmspeicher à 10 Befehle und ebensoviele Konstantenspeicher)[1] eine Reihe von Funktionen zur Auswahl, wie z. B.:

— Das Polynom dritten Grades (Kubische Parabel)

$$y = a x^3 + b x^2 + c x + d$$

— Der Sinus Hyperbolicus in der Form

$$y = A_0 + A_1 \sinh c (x-k)$$

— Das zweigliedrige Exponentialpolynom

$$y = A_0 e^{bx} + A_1 e^{cx}.$$

Alle diese Funktionen haben den Nachteil, daß nur sigmoide Kurvenverläufe möglich sind. Da es sich aber bei der Aufstellung empirischer Formeln im Anfangsstadium meist nur um augenscheinliche Beobachtungen handelt, ist es ratsam, einen Kurventypus auszuwählen, der von vornherein mehr ‚Freiheitsgrade' besitzt, d. h. daß je nach Ausprägung der Parameter neben sigmoiden Verläufen auch andere möglich werden, z. B. progressiv steigend. Dies ist deshalb so bedeutsam, weil die Beobachtungen der Streuungsdiagramme sehr leicht zu Täuschungen über den Verlauf von Kurven führen können. Die Wahl des Kurventyps fiel wegen der angedeuteten Vorteile auf die Funktion[2]

$$y = a x^b \cdot e^{cx}$$

Ist, wie im vorliegenden Fall, die Funktion durch eine Wertetabelle (Preise für 1904 = x; Preise für 1969 = y) gegeben, so ist die „Methode der kleinsten Quadrate" das genaueste Verfahren zur Ermittlung der Parameterwerte[3]. Bezeichnet man die empirisch ermittelten Werte mit y_i und die dazugehörigen berechneten Werte mit Y_i, so lassen sich die Parameter a, b und c durch die Forderung

$$\sum_{i=1}^{n} (y_i - Y_i)^2 = \text{Min.}$$

bestimmen. Der Sinn dieser Minimumsforderung ist: Die Parameter a, b, c so zu wählen, daß die Summe der quadrierten Differenzen zwischen empirischen und berechneten Werten möglichst klein wird[4].

Durch Logarithmieren der ausgewählten Funktion wird zunächst eine Linearisierung des Ausdrucks herbeigeführt:

$$\ln y = \ln a + b \ln x + c x \ln e$$

$$\ln y = \ln a + b \ln x + c x \qquad (\ln e = 1)$$

Durch Substitution ergeben sich folgende Parameter:

$$A = \ln a$$

$$B = b$$

$$C = c$$

Danach läßt sich die Gleichung, auf die die Methode der kleinsten Quadrate in Anwendung gebracht werden soll, wie folgt schreiben:

$$\ln y = A + B \ln x + C x$$

---

[1] Vgl. Marsal, D.: Kleincomputer — Handbuch für ihre Programmierung in Wirtschaft, Wissenschaft und Technik, München 1972, S. 184 ff.
[2] Vgl. bezüglich der Vielgestaltigkeit der Kurve: Bronstein, J. N., Semendjajew, K. A.,: Taschenbuch der Mathematik, 11. Aufl., Zürich/Frankfurt 1971, S. 76—77.
[3] Vgl. ebd., S. 521.
[4] Vgl. Kellerer, H.: a. a. O., S. 418.

Die Minimumforderung lautet:

$$F = \sum_{i=1}^{n} (\ln y_i - A - B \ln x_i - C x_i)^2 = \text{Min.}$$

Durch partielle Differentiation nach A, B und C ergeben sich folgende lineare Bestimmungsgleichungen, die mit Hilfe der entsprechenden Determinanten relativ einfach zu lösen sind:

$$\frac{dF}{dA} \equiv n A \quad\;\;\, + B \Sigma \ln x \quad\;\, + C \Sigma x \quad\;\;\, = \Sigma \ln y$$

$$\frac{dF}{dB} \equiv A \Sigma \ln x + B \Sigma (\ln x)^2 + C \Sigma x \ln x = \Sigma \ln y \ln x$$

$$\frac{dF}{dC} \equiv A \Sigma x \quad\, + B \Sigma x \ln x + C \Sigma x^2 \quad\;\; = \Sigma x \ln y$$

Das Gleichungssystem besitzt eine symmetrische Koeffizientenmatrix; die daraus resultierenden Parameterwerte a, b, c stellen die Rohwerte einer ersten Approximation dar. Im Anschluß daran werden die Werte der ersten Näherung schrittweise solange verbessert, bis die Korrekturwerte fast Null werden. Die fortlaufende Wiederholung des dabei zur Anwendung gelangenden gleichen Rechenganges bezeichnet man als Iteration.

2. Gauß — Newton-Iteration

Der Ansatz der Methode der kleinsten Quadrate liefert Näherungswerte für die Parameter a, b, c. Die Werte y_i sind auf Grund dieser Tatsache ebenfalls mit dem Fehler behaftet:

$$y_i = a x_i^b \cdot e^{c x_i} + \varepsilon_i = Y_i + \varepsilon_i$$

ε_i läßt sich als Funktion der Parameter a, b, c darstellen:

$$\varepsilon = y - f(a, b, c)$$

Damit der Fehler ε_i möglichst klein wird, wird eine Taylor-Entwicklung[5] in Ansatz gebracht, die bereits nach dem linearen Glied abgebrochen wird.

$$0 = y - f(a, b, c) - \left(A \frac{dy}{da} + B \frac{dy}{db} + C \frac{dy}{dc} \right)$$

Daraus folgt:

$$\varepsilon = A \frac{dy}{da} + B \frac{dy}{db} + C \frac{dy}{dc}$$

Durch Einsetzen der 1. partiellen Ableitungen nach a, b, c in obige Gleichung ergibt sich:

$$\varepsilon = A x^b e^{cx} + B a x^b \ln x \, e^{cx} + C a x^{b+1} e^{cx}$$

Der Gauß'sche Fehlerquadratansatz führt zu folgendem Ausdruck:

$$\sum_{i=1}^{n} \left(\varepsilon - A x_i^b e^{c x_i} - B a x_i^b \ln x_i \, e^{c x_i} - C a x_i^{b+1} e^{c x_i} \right)^2 = \text{Min.}$$

---

[5] Vgl. Adam, J., Scharf, J. M., Enke, H.: Methoden der statistischen Analyse in Medizin und Biologie, Stuttgart 1971, S. 189 ff.

Die partielle Differentation nach A, B, C führt
zu folgendem, in den Differentialen linearisiertem
Korrekturgleichungssysten:

$$A\Sigma x^{2b} e^{2cx} + B\Sigma a x^{2b} \ln x\, e^{2cx} + C\Sigma a x^{2b+1} e^{2cx} = \Sigma \varepsilon x^b e^{cx}$$

$$A\Sigma a x^{2b} \ln x\, e^{2cx} + B\Sigma a^2 x^{2b} (\ln x)^2 e^{2cx} + C\Sigma a^2 x^{2b+1} \ln x\, e^{2cx} = \Sigma \varepsilon a x^b \ln x\, e^{cx}$$

$$A\Sigma a x^{2b} x e^{2cx} + B\Sigma a^2 x^{2b+1} \ln x\, e^{2cx} + C\Sigma a^2 x^{2b+2} e^{2cx} = \Sigma \varepsilon a x^{b+1} e^{cx}$$

Das Gleichungssystem hat ebenfalls eine symmetrische Koeffizientenmatrix, welche der bei der Ermittlung der Rohwerte ähnlich ist. Nach jedem Iterationsschritt werden die Korrekturwerte A, B, C den zuvor ermittelten Rohwerte a, b, c zugeschlagen.

$$a_1 = A + a$$
$$b_1 = B + b$$
$$c_1 = C + c$$

Dieses Verfahren wird solange wiederholt, bis die Zu- bzw. Abschläge keinen nennenswerten Unterschied von Null aufweisen. („Nennenswert" bedeutet dabei, daß eine vorgegebene Schranke nicht mehr überschritten wird.)

Es sei jedoch darauf verwiesen, daß sich das Iterationsverfahren in der geschilderten Form mittels Handrechnung (Kleincomputer) äußerst zeitaufwendig gestaltet. Vorteilhaft wird dieses mit großen Rechenanlagen durchgeführt. Die Konvergenz ist in beiden Fällen jedoch gleich gut und ein Indikator für die Wahl des richtigen Kurventypus. Die Güte der Anpassung wird gemessen durch den Korrelationskoeffizienten R, der bei eindeutigen Funktionen auch für nichtlineare Funktionen Anwendung findet:

Korrelationskoeffizient: $\quad R = +\sqrt{1 - \dfrac{S_R}{S_{yy}}}$, wobei die

Fehlervarianzsumme: $\quad S_R = \sum\limits_{i=1}^{n} \varepsilon_i^2 \quad$ und die

Ordinatenvarianzquadratsumme: $\quad S_{yy} = \sum\limits_{i=1}^{n} y^2 - \bar{y} \sum\limits_{i=1}^{n} y \quad$ gesetzt sind.

Unbestimmtheitsmaß: $\quad U = \dfrac{S_R}{S_{yy}} = 1 - R^2.$

Die Parameter änderten sich durch die Iteration wie folgt:

Schritt	A	a	B	b	C	c	S_R
Rohwert	—	113,11247526	—	0,43667983	—	0,00056785	2.549.439
1. It.	29,53870720	142,65118246	— 0,04996975	0,38671008	— 0,00007256	0,00064041	2.851.337
2. It.	1,90682482	144,55800728	0,00272966	0,38943974	— 0,00000243	0,00063798	2.473.830
3. It.	0,14129713	144,69930441	— 0,00022902	0,38921072	0,00000023	0,00063821	2.473.775
4. It.	— 0,00987964	144,68942477	0,00001202	0,38922274	— 0,00000001	0,00063820	2.473.775

Das Verfahren wurde anschließend abgebrochen, weil keine ganzzahlige Verbesserung der Restvarianzsumme mehr zu erzielen war. Nach dem 4. Schritt ergaben sich folgende Qualitätskennziffern, welche die Anpassungsgüte veranschaulichen:

$$R = 0{,}993661$$
$$U = 0{,}012637$$

LITERATURVERZEICHNIS

Kommentare, Bücher, Dissertationen, Atlanten, Karten

Abele, G. und Leidlmair, A.: Karlsruhe; Studien zur innerstädtischen Gliederung und Viertelsbildung. Karlsruher Geographische Hefte (1972) 3.

Adam, J.: Einführung in die medizinische Statistik, Berlin 1963.

Adam, J., Scharf, J. M. und Enke, H.: Methoden der statistischen Analyse in Medizin und Biologie, Stuttgart 1971.

Albach, H. und Ungers, O. M.: Optimale Wohngebietplanung, Bd. 1: Analyse, Optimierung und Vergleich der Kosten städtischer Wohngebiete, Wiesbaden 1969.

Alonso, W.: A Model of the Urban Land Market. Locations and Densities of Dwelling and Business. University of Pensylvania 1960, Diss.

Alonso, W.: Location and Land Use: Toward a General Theory of Land Rent. Cambridge, Mass. 1964.

Amt für Statistik und Datenanalyse der Landeshauptstadt München: Statistisches Jahrbuch der Landeshauptstadt München, Berichtsjahr 1971, München 1972.

Ander, A.: Das Problem der Preisbildung städtischen Bodens. Untersuchungen über die Struktur des Problems als Beitrag zur Bereinigung der Gegensätze zwischen Lösungsversuchen der deutschen wohnungspolitischen Diskussion der Vorkriegszeit. Mannheimer wirtschaftswissenschaftliche Diss. 1933, Wertheim a. M. 1934.

Appelt, Bauer, Schale und Walter: Agrarstrukturelle Beiträge zum Regionalentwicklungsplan München. AVA-Arbeitsgemeinschaft zur Agrarstruktur in Hessen, 1967, Sonderheft 28.

Aule, O.: Analyse der Baulandpreise in der BRD unter regionalen Gesichtspunkten, in: IFO-Institut für Wirtschaftsforschung (Hrsg.), Wirtschaftliche und soziale Probleme des Agglomerationsprozesses, Beiträge zur Empirie und Theorie der Regionalforschung Nr. 10, München 1967.

Bartels, D. (Hrsg.): Wirtschafts- und Sozialgeographie, Köln, Berlin 1970.

Baumann, F. und Bader, W.: Baustellenwerte der Hauptstadt der Bewegung (Unveröffentlichte Stoppreissammlung für das gesamte Stadtgebiet), München 1936.

Baureferat der Landeshauptstadt München (Hrsg.): Bauen in München 1960 bis 1970, München 1970.

Baureferat der Landeshauptstadt München (Hrsg.): Münchner Osten — Grundlagenuntersuchungen zur Stadterneuerung, München 1970.

Baureferat der Landeshauptstadt München (Hrsg.): München. Dokumentation Flächennutzungsplan, Grundlagen- und Beipläne, München 1970.

Bayer. Staatsregierung (Hrsg.): Raumordnungsbericht 1971, München 1972.

Bernoulli, H.: Die Stadt und ihr Boden, 2. Aufl., Zürich-Erlenbach 1946.

Berry, B. J. L.: Geography of Market Centers and Retail Distribution, Englewood Cliffs, N. J. 1967.

Berry, B. J. L. und Tennant, R. J.: Commercial Structure and Commercial Blight. Retail Patterns and Progress in the City of Chicago. Department of Geography, Research Paper No. 85, Chicago 1963.

Berry, B. J. L. und Tennant, R. J.: Chicago Commercial Reference Handbook; Statistical Supplement to Commercial Structure and Commercial Blight. Department of Geography, Research Paper No. 86, Chicago 1963.

Berry, B. J. L. und Marble, D. (Hrsg.): Spatial Analysis. A Reader in Statistical Geography, Englewood Cliffs, N. J. 1968.

Beutler, H.: Das Problem der Grundrente und seine Lösungsversuche. Diss. Mannheim 1962.

Boeddinghaus, G.: Die Bestimmung des Maßes der baulichen Nutzung in der städtebaulichen Planung. Diss. Aachen 1969.

Bonczek, W. und Halstenberg, F.: Bau — Boden; Bauleitplanung und Bodenpolitik, Hamburg 1963.

Boustedt, O.: Probleme des Städtewachstums aus der Sicht der amerikanischen Erfahrungen und Forschungen, Berlin-München 1972.

Boustedt, O., Schmidt, H., Maier, W. und Grill, G.: Die Wachstumskräfte einer Millionenstadt — dargestellt am Beispiel Münchens, München 1961.

Breloh, P.: Bedeutung, Gestaltung und Probleme der Landpacht und die wirtschaftliche Situation der Betriebe mit Pachtland in der Bundesrepublik Deutschland. Forschungsgesellschaft für Agrarpolitik und Agrarsoziologie e. V., Bonn 1968.

Brendel, R.: Das Münchner Naherholungsgebiet im Bereich des Ammersees und des Starnbergersees. Eine sozialgeographische Studie. Diss. München 1967.

Brigham, E. F.: A Model of Residential Land Values; Rand Corporation, Santa Monica, California 1964.

Bronstein, J. N. und Semendjajew, K. A.: Taschenbuch

der Mathematik, 11. Aufl., Zürich/Frankfurt a. M. 1971.

Brunn: Brunn's Plan von München 1905, München 1905.

Brux, H.: Standortfragen der neuen Wohnsiedlungen am Beispiel der Städte Köln und Essen, Kölner Geographische Arbeiten (1952) 3.

Bundesminister für Wohnungswesen und Städtebau: Städtebaubericht 69, Bonn 1969.

Bunge, H.: Einzelhandels- und konsumnahe Handwerksbetriebe in neuen Wohnsiedlungen. Schriftenreihe der Forschungsstelle für den Handel, Berlin 3 (1969) 4.

Carthaus, V.: Zur Geschichte und Theorie von Grundstückskrisen in deutschen Großstädten, mit besonderer Berücksichtigung von Groß-Berlin, Jena 1917.

Chisholm, M., Frey, A. E. und Haggett, P.: Regional Forecasting. Proceedings of the Twentysecond Symposium of the Colston Research Society. London 1970.

Chorley, R. und Hagget, P.: Models in Geography, London 1967.

Dheus, E.: München — Strukturbild einer Großstadt, Stuttgart 1968.

Dheus, E.: Geographische Bezugssysteme für regionale Daten, Stuttgart 1970.

Dheus, E.: Die Olympiastadt München — Entwicklung und Struktur —, Münchner Statistik 1971, Sonderheft.

Dönges, R.: Beiträge zur Entwicklung Münchens unter besonderer Berücksichtigung des Grundstücksmarktes, München 1910.

Eberspächer, H.: Die Entwicklung der Grundstückspreise und des Grundstücksmarktes der Stadt Eßlingen am Neckar unter besonderer Berücksichtigung der preisbedingenden Faktoren. Diss. Landwirtschaftliche Hochschule Hohenheim, Eßlingen/N. 1953.

Edel, M. und Rothenberg, J.: Reading in Urban Economics, Macmillan Company, New York 1972.

Elsas, M. J.: Umriß einer Geschichte der Preise und Löhne in Deutschland, Leiden 1936.

Fehn, H. (Hrsg.): Beiträge zur Stadtgeographie von München, Landeskundliche Forschungen, München (1958) 38.

Feuerstein, H.: Bodenpreis und Bodenmarkt. Bestimmungsgründe der Preise und des Transfers land- und forstwirtschaftlich genutzten Bodens, Agrarwirtschaft (1971) Sonderheft 44.

Fuchs, A.: Bodenpreise und Baukosten in ihrem Einfluß auf die Mietpreise, München 1909.

Ganser, K.: Sozialgeographische Gliederung der Stadt München auf Grund der Verhaltensweisen der Bevölkerung bei politischen Wahlen. Münchner Geographische Hefte (1966) 28.

Garrison, W. L. (u. a.): Studies of Highway Development and Geographic Change, 2. Aufl., Seattle 1959.

Gerardy, Th. (u. a.): Zur Ermittlung von Grundstückswerten 1969. Sammlung Wichmann, N. F. Schriftenreihe H. 11, Karlsruhe 1970.

Gleissner, F.: Gefährlicher Konzentrations- und Ballungsprozeß in München und Umgebung, München 1963.

Griesbach, H.: Der Einfluß des technischen Fortschritts auf die Preise landwirtschaftlich genutzten Bodens in Industrieländern. Ein Beitrag zur Theorie der Grundrente und des technischen Fortschritts. Volkswirtschaftliche Schriften, Berlin (1966) 104.

Gut, A.: Das Wohnungswesen der Stadt München, München 1928.

Gutachterausschuß der Landeshauptstadt München: Unveröffentlichte Richtwertkarten München 1960 und 1971/72.

Haertles, H. J.: Betriebswirtschaftslehre für den Kaufmann in der Grundstücks- und Wohnungswirtschaft, 4. Aufl., Hamburg 1970.

Hall, P. (Hrsg.): Land Values: The Report of the Proceedings of a Colloquium held under the Auspices of the Action Society Trust, London 1965.

Hartenstein, W. und Burkart, L.: City München. Veröffentlichungen des Instituts für angewandte Sozialwissenschaft. Bd. 4, Bad Godesberg 1963.

Hasch, R.: Die großstädtische Entwicklung Münchens unter besonderer Berücksichtigung der Wohnbauten. Diss. München 1949 (ungedr.).

Heitzer, S. und Oestreicher, E.: Bundesbaugesetz = Sammlung Guttentag Nr. 255, 2. Aufl., Berlin 1965.

Hofmeister, B.: Stadtgeographie, 2. Aufl., Braunschweig 1972.

Hoyt, H.: One hundred Years of Land Values in Chicago, Chicago 1933.

Hoyt, H.: The Structure and Growth of Residential Neighborhood in American Cities, Washington, D. C. 1939.

Hurd, R. M.: Principles of City Land Values, 2. Aufl., New York 1924.

Ipsen, G.: Daseinsformen der Großstadt, Tübingen 1959.

Isard, W.: Location and Space-Economy — A General Theory relating to industrial Location, Market Areas, Land Use, Trade and Urban Structure. Cambridge, Mass. 1956.

Ischbildin, B.: Zur Grundlegung der modernen Grundrententheorie. Schmollers Jahrbuch für Gesetzgebung, Berlin 1957.

Istel, W.: Entwicklungsachsen und Entwicklungsschwerpunkte — ein Raumordnungsmodell, München 1971.

Jahke, R.: Einzelhandelsgeschäfte in neuen Wohngebieten, München 1957.

Jensen, H.: Fußgängerbereiche München-Altstadt. Plangutachten zur Einrichtung von Fußgängerzonen innerhalb des vom Altstadtring umfahrenen Altstadtbereiches in München, Braunschweig 1965.

Just, K.-W. und Brückner, O.: Ermittlung des Bodenwertes. Handbücher der Grundstücksermittlung, 2. Aufl., Düsseldorf 1969.

Kellerer, H.: Theorie und Technik des Stichprobenverfahrens. Einzelschriften der Deutschen Statistischen Gesellschaft Nr. 5, 3. Aufl., München 1953.

Kellerer, H.: Statistik im modernen Wirtschafts- und Sozialleben, Hamburg 1960.

Knos, D. S.: Distribution of Land Values in Topeka, Kansas. Center for Research in Business, the University of Kansas, Kansas 1962.

Koenig, H.: Beiträge zur Soziographie Münchens, München 1949/50.

Krysmanski, R.: Bodenbezogenes Verhalten in der Industriegesellschaft. Materialien zur Raumplanung, Bd. 2, Gütersloh 1967.

Landeshauptstadt München, Kommunalreferat (Hrsg.): Initiative für eine Neuordnung des Bodenrechts, München 1972.

Laurenti, L.: Property Values and Race. Studies in Seven Cities. Special Report to the Commission on Race and Housing. University of California Press, Berkeley, Los Angeles 1960.

Leahy, W., Mc Kee, D. und Dean, R.: Urban Economics. Theory, Development and Planning, New York 1970.

Lösch, A.: Die räumliche Ordnung der Wirtschaft, 1. Aufl., Jena 1940.

Lütge, F.: Wohnungswirtschaft. 2. Aufl., Stuttgart 1949.

Lütgens, R.: Die geographischen Grundlagen und Probleme des Wirtschaftslebens, Stuttgart 1950.

v. Mangold, K.: Die städtische Bodenfrage. Göttingen 1907.

Marsal, D.: Kleincomputer — Handbuch für ihre Programmierung in Wirtschaft, Wissenschaft und Technik, München 1972.

Mayer, G.: Das Umland Münchens. Diss. München 1964.

Mayer, H.: Geography of Urban Land Use. Prentice Hall Foundations of Economic Geography Series, Englewood Cliffs, N. J. 1967.

Mayer, H. und Kohn, C. F.: Readings in Urban Geography. Chicago 1959.

Megele, M.: Baugeschichtlicher Atlas der Landeshauptstadt München. Bd. 1, München 1951. Bd. 2, München 1956. Bd. 3, München 1960.

Meyer zu Sieker, G.: Theoretisches Modell der Verkehrskosten und Bodenpreisbildung bei kontinuierlicher Ausdehnung der Städte. Diss. Bonn 1957.

Monheim, H.: Zur Attraktivität deutscher Städte. WGI-Berichte zur Regionalforschung, München (1972) 8.

Muckenthaler, J.: Wert-Tabellen zur Berechnung des Grund- und Bodenwertes sowie der Wohngebäude in München. 1. Aufl. München 1904, 2. Aufl. München ca. 1908.

Müller, H.: Wirtschaftliche Grundprobleme der Raumordnungspolitik. Berlin 1969.

Müller, W. H.: Die städtebauliche Eingliederung der zentralen Dienste des tertiären Erwerbssektors. Diss. Braunschweig 1966.

Murphy, R. E.: The American City. An Urban Geography, New York 1966.

Nann, A.: Die Entwicklung der Grundstückspreise, Grundstücksgeschäfte und Bodenpolitik der Gemeinden und die heutige Lage der Landwirtschaft unter dem Einfluß der Großstadtausdehnung und Industrialisierung in den nördlichen Vororten von Stuttgart. Diss. Stuttgart 1951.

Neefe, M. (Hrsg.): Statistisches Jahrbuch Deutscher Städte, Breslau seit 1894.

Neubeck, K.: Eigentumswohnungen und Stadtentwicklung. Eine empirische Analyse der städtebaulichen und sozialgeographischen Folgewirkungen des zunehmenden Baus von Eigentumswohnungen am Beispiel München. Auszug aus Diss. München 1972.

Neundörfer, L.: Materialien zur Lage des Baubodenmarktes. Schriftenreihe des Bundesministers für Wohnungsbau, Bd. 15, 1958.

Neue Heimat Bayern: Entlastungsstadt Perlach in München, o. O., o. J.

o. V.: Sammlung des Münchner Stadtrechts. Teil II, Nr. 930, München 1969.

Perloff, H. S. (Hrsg.): The Quality of the Urban Environment, Essays on „New Resources" in an Urban Age. Baltimore, Maryland 1969.

Pfannschmidt, M.: Die Bodenrente in Raumwirtschaft und Raumpolitik, Bremen-Horn 1953.

Pfannschmidt, M.: Vergessener Faktor Boden. Marktgerechte Bodenbewertung und Raumordnung. Schriften des Deutschen Verbandes für Wohnungswesen, Städtebau und Raumplanung, H. 79, Bonn 1972.

Planungsverband Äußerer Wirtschaftsraum München: Regionalentwicklungsplan München, Stand 27. November 1968, Teil I. Einführung und Erläuterung. Teil II. Plan. München o. J.

Preusker, V.-E. (Hrsg.): Festschrift für Hermann Wandersleb. Deutscher Bundes-Verlag, Bonn 1970.

Rams, E. M.: Principles of City Land Values. Worthington, Ohio 1964.

Ratcliff, R. U.: Real Estate Analysis, New York 1961.

Referat für Stadtforschung und Stadtentwicklung (Hrsg.): Über den Wandel von Struktur, Funktion und Charakter der Münchner Innenstadt und Möglichkeiten seiner Steuerung, München 1971.

Referat für Tiefbau und Wohnungswesen der Landeshauptstadt München (Hrsg.): Wohnungsbau in München, München 1962.

v. Renauld, J.: Beiträge zur Entwicklung der Grundrente und Wohnungsfrage in München, Leipzig 1904.

Rössler, R. und Langner, J.: Grundsätze zur Ermittlung von Grundstückswerten. Kommentar zur Verordnung über Grundsätze für die Ermittlung des Verkehrswertes von Grundstücken, Neuwied a. Rh. 1961.

Rössler, R. und Langner, J.: Schätzung und Ermittlung von Grundstückswerten, Neuwied a. Rh. 1966.

Ross, F. W. und Brachmann, R.: Leitfaden für die Ermittlung des Bauwertes von Gebäuden und des Verkehrswertes von Grundstücken, 19. Aufl., Hannover-Kirchrode 1965.

Ruhl, G.: Das Image von München als Faktor für den Zuzug, Münchner Geographische Hefte (1971) 35.

Ruppert, K. (u. Mitarbeiter): Planungsregionen Bayerns — Gliederungsvorschlag, München 1969.

Ruppert, K. (u. Mitarbeiter): Planungsgrundlagen für den Bayerischen Alpenraum — Wirtschaftsgeographische Ideenskizze, Manuskript, München 1973.

Ruppert, K.: Das Tegernseer Tal. Sozialgeographische Studien im oberbayerischen Fremdenverkehrsgebiet. Münchner Geographische Hefte, 1962, 23.

Schäfers, B.: Bodenbesitz und Bodennutzung in der Großstadt. Eine empirisch-soziologische Untersuchung am Beispiel Münster. Materialien zur Raumplanung, Bd. 4, Gütersloh 1968.

Schäfers, B.: Bodenbesitz und Bodennutzung in der Großstadt. Bielefeld 1968.

Schaffer, F.: Wirkungen der räumlichen Mobilität auf die innere Differenzierung der Stadt. Unveröffentlichte Habilschrift München 1971.

Schlegtendal, G., Elstner, R. und Tiemann, M.: Zur Ermittlung von Grundstückswerten. Sammlung Wichmann, N. F. Schriftenreihe H. 2, Karlsruhe 1963.

Schöller, P.: Die Deutschen Städte, Erdkundliches Wissen, Geographische Zeitschrift, Beihefte, H. 17, Wiesbaden 1967.

Schreiber, F.: Bodenordnung? Vorschläge zur Verbesserung der Sozialfunktion des Bodeneigentums. Beiträge zur Umweltplanung. Stuttgart, Bern 1969.

Scott (Hrsg.): Urban and Regional Studies at U. S. Universities. A Report Based on a 1963 Survey of Urban and Regional Research. Washington, D. C. 1964.

Seidewinkel, H.: Die Preisbildung für Grundstücke unter dem Einfluß des innerstädtischen Verkehrssystems, dargestellt unter besonderer Berücksichtigung Hamburgs. Schriftenreihe der Akademie für Verkehrswissenschaft, Bd. 2, Hamburgs 1966.

Sieber, H.: Bodenpolitik und Bodenrecht. Berner Beiträge zur Nationalökonomie, Bd. 15, Bern, Stuttgart 1970.

Singer, K.: Die Wohnungen der Minderbemittelten in München und die Schaffung unkündbarer kleiner Wohnungen. München 1899.

Speiser, H.: Die Aussiedlung in Bayern von 1953—1966. Probleme ihrer Gestaltung aus sozialgeographischer Sicht unter besonderer Berücksichtigung der Betriebsgrößen. Diss. München 1970.

Spiethoff, A.: „Boden und Wohnung" in der Marktwirtschaft, insbesondere im Rheinland. Bonner Staatswissenschaftliche Untersuchungen, H. 20, Jena 1934.

Stadtentwicklungsreferat der Landeshauptstadt München: Kommunalpolitische Aspekte des wachsenden ausländischen Bevölkerungsanteils in München. Arbeitsberichte zur Fortschreibung des Stadtentwicklungsplans Nr. 4, München 1972.

Stadtplanungsamt Köln (Hrsg.): Die Kölner Innenstadt. Strukturuntersuchung des Wirtschafts- und Sozialgeographischen Instituts der Universität Köln, Köln 1970.

Steiner, A. H., Guther, M. und Leibbrand, K.: „München" Stellungnahme der Planungsberater zum Wirtschaftsplan vom 30. 1. 1958 und zum Generalverkehrsplan vom 2. 7. 1958, München 1960.

Suckart, M.: Das Baubild der Stadt München vor seiner Zerstörung. Ungedr. Diss. München 1948.

v. Thünen, J.: Der isolierte Staat in Beziehung auf Landwirtschaft und Nationalökonomie. 4. Aufl., Jena 1930.

Thürauf, G.: Industriestandorte in der Region München. Geographische Aspekte des Wandels industrieller Strukturen. Diss. München 1971.

Wagner, L.: München — Eine Großstadtuntersuchung auf geographischer Grundlage. Diss. München 1928.

Weber, A.: Über Bodenrente und Bodenspekulation in der modernen Stadt. München, Leipzig 1904.

Weber, A.: Boden und Wohnung. Acht Leitsätze zum Streit um die städtische Boden- und Wohnungsfrage. München, Leipzig 1908.

Weber, A.: Die Großstadt und ihre sozialen Probleme. 2. Aufl., Leipzig 1918.

Wendt, P. F.: The Dynamics of Central City Land-Values — San Francisco and Oakland 1950—1960. University of California, Berkeley, Real Estate Research Program, Berkeley 1961.

Wichmann, F.: Die Preisbildung am Grundstücksmarkt unter besonderer Berücksichtigung des Westberliner Grundstücksmarktes. Diss. Berlin 1958.

Wingo, L.: Transportation and Urban Land (Resources for the Future), Washington, D. C. 1961.

Zapf, K., Heil, K. und Rudolph, J.: Stadt am Stadtrand; Eine vergleichende Untersuchung in vier Münchner Neubausiedlungen. Veröffentlichungen des Instituts für angewandte Sozialwissenschaft, Bd. 7, Frankfurt 1969.

Ziegler, H.: Die Beschäftigten-Einzugsbereiche der Großbetriebe in München. Münchner Geographische Hefte (1964) 25.

Aufsätze in Sammelwerken, Zeitschriften, Zeitungen und sonstigen Quellen

Abele, G. und Leidlmair, A.: Die Karlsruher Innenstadt, in: Berichte zur Deutschen Landeskunde, 41 (1968) 2, S. 217—230.

Abele, G. und Wolf, K.: Methoden zur Abgrenzung und inneren Differenzierung verschiedenrangiger Geschäftszentren, in: Berichte zur Deutschen Landeskunde, 40 (1968) 2, S. 238—252.

Adams, F. G., Milgram, G., Green, E. W. und Mansfield, Ch.: Undeveloped Land Prices During Urbanization: A Micro-Empirical Study Over Time, in: The Review of Economics and Statistics, 50 (1968) 2, Cambridge, Mass., S. 248—258.

Alonso, W.: A Theory of the Urban Land Market, in: Papers and Proceedings of the Regional Science Association, Vol. VI, 1960, S. 149—157.

Alonso, W.: A Theory of the Urban Land Market, in: Leahy, W., Mc Kee, D., Dean, R. (Hrsg.): Urban Economics. Theory Development and Planning, New York 1970, S. 55—63.

Anstey, B.: Value Contour Maps — A new Tool for Town Planners, in: Planning Outlook, Durham 1 (1949) 2, S. 29—39.

Anstey, B.: Isovals — A new System of Land Value Notation for Planners, in: Journal of the town planning institute (1950) 5, S. 267—272.

Anstey, B.: The Distribution Pattern of Land Values in Urban Areas, in: Planning Outlook, Durham III (1952) 1, S. 5—12.

Arndt, E.: Die Preisbildung für Boden und ihre Bedeutung für den Wohnungsbau, in: Wirtschaftsdienst (1950) 11, S. 25—31.

Assmann, K.: Das Ding gehört in den Papierkorb. Stadtforschung contra Stadtplanung — Probleme der Stadtentwicklung, dargestellt am Beispiel der „Fortschreibung des Münchner Stadtentwicklungsplanes", in: Baumeister 66 (1969) 12, S. 1610—1614, 1616.

Bartels, D.: Beiträge der sozialwissenschaftlichen Geographie zu den Grundlagen der räumlichen Planung. Veröffentlichung des Seminars für Planungswesen der TU Braunschweig (1969) 5, S. 41—81.

Bayer. Städteverband (Hrsg.): Die Städte in der Landesentwicklung — Grundlagenpapier der Vollversammlung des Bayer. Städteverbandes am 2. und 3. April 1973 in Augsburg, o. O. 1973.

Bayer. Statistisches Landesamt (Hrsg.): Baulandpreise in Bayern, in: Statistische Berichte, Kennziffer M I 6 vj.

Beck, H.: Die Entwicklung der Baulandpreise von 1956—1969 in einem Verdichtungsraum — dargestellt am Beispiel von Nürnberg-Fürth, in: Informationen 20 (1970) 21, S. 653—660.

Bergmann, H.: Zum Problem der „Zersiedelung" der Landschaft, in: Raumforschung und Raumordnung 29 (1971) 2, S. 70—74.

Binder-Johnson, H.: A Note on Thünen's Circles, in: Annals of the Association of American Geographers, 52 Lawrence, Kansas (1962) 2, S. 213—220.

Bingemer, Meistermann-Seeger und Neubert: Wohnsituation der Gastarbeiter, in: Bauwelt 61 (1970) 47, S. 1821—1827.

Böddrich, J.: Der Strukturwandel von München-Schwabing seit 1950, in: Landeskundliche Forschungen (1958) 38, S. 47—102.

Bonczek, W.: Bodenwirtschaft und Bodenordnung im Städtebau, in: Zeitschrift für Vermessungswesen, Sonderheft 9, 1960.

Bonczek, W.: Bodenwirtschaft und Bodenordnung im Städtebau — Erfahrungen mit dem Bundesbaugesetz, in: Zeitschrift für Vermessungswesen, Sonderheft 11, 1962.

Bonczek, W.: Kommunale Raumordnung und Bodenpolitik, in: Raumordnung und Grundstücksmarkt; Beiträge und Untersuchungen, N. F. der „Materialiensammlung für Wohnungs- und Siedlungswesen", Bd. 64, Münster 1967, S. 24—65.

Bonczek, W.: Zur Bodenreform im Städtebau, in: Zeitschrift für Vermessungswesen, 95 (1970) 6, S. 204—220.

Bonczek, W.: Bodenwirtschaft in den Gemeinden, in: HdRR, 2. Aufl. Hannover 1970, Sp. 346—368.

Bonczek, W.: Die Reform des kommunalen Bodenrechts aus städtebaulicher Sicht, in: Zur Reform des städtischen Bodenrechts. Veröffentlichungen der Akademie für Raumforschung und Landesplanung. Abhandlungen Bd. 61 1971, S. 31—86.

Bonczek, W. und Tiemann, M.: Zur Preisentwicklung auf dem Grundstücksmarkt, in: Der Städtetag, 11 (1958) 5, S. 211—216.

Bonczek, W. und Tiemann, M.: Zur Ermittlung der Baulandpreise bis zum Erlaß des Bundesbaugesetzes, in: Der Städtetag, 14 (1961) 9, S. 475—480.

Bonczek, W. und Tiemann, M.: Zur Entwicklung der Baulandpreise, in: Der Städtetag, 18 (1965) 11, S. 533—540.

Borchard, K.: Orientierungswerte für die städtebauliche Planung. Arbeitsblätter 1/1968. Hrsg. vom Institut für Städtebau und Wohnungswesen der Deutschen Akademie für Städtebau und Landesplanung, München 1968.

Borchard, K.: Städtebauliche Orientierungswerte, in: HdRR, 2. Aufl., Hannover 1970, Sp. 3181—3202.

Borcherdt, Ch.: Die Wohn- und Ausflugsgebiete in der Umgebung Münchens. Eine sozialgeographische Skizze, in: Berichte zur deutschen Landeskunde 19 (1957) 2, S. 173—187.

Borcherdt, Ch.: Der Wandlungsprozeß der Bebauung großstädtischer Villenvororte, erörtert am Beispiel von München-Solln, in: Die Erde, 103 (1972) 1, S. 48—60.

Borcherdt, Ch., Grotz, R., Kaiser, K. und Kulinat, K.: Verdichtung als Prozeß, in: Raumforschung und Raumordnung, 29 (1971) 5, S. 201—207.

Boustedt, O.: Die Stadt und ihr Umland, in: Raumforschung und Raumordnung, 11 (1953) 1, S. 20—29.

Boustedt, O.: Die Stadtregion. Ein Beitrag zur Abgrenzung städtischer Agglomerationen, in: Allgemeines Statistisches Archiv, (1953) 37, S. 13—26.

Brachmann, R.: Städtebauförderungsgesetz — Steigt der Grundstückswert durch die Sanierung, in: Allgemeine Immobilien-Zeitung, 19 (1970) 4, S. 164—166.

Brigham, E. F.: The Determinants of Residential Land Values, in: Land Economics, Madison, Wisc. XLI (1965) 3, S. 325—334.

Brückner, O., Dorow, R., Friedemann, H. (u. a.): Stadterneuerung in den USA. Teil 2. Durchführung, in: Raumforschung und Raumordnung, 24 (1966) 6, S. 241—259.

Burgess, E.: The Growth of the City, in: Park, R., Burgess, E., McKenzie, R. (Hrsg.): The City, Chicago 1925.

Carell, E.: Bodenknappheit und Grundrentenbildung. Probleme der Wissenschaft in Vergangenheit und Gegenwart, Nr. 4, Berlin-Reutlingen 1948.

Carell, E.: „Boden", in: Handwörterbuch der Sozialwissenschaften, 9. Aufl., Stuttgart 1959, Bd. 2, S. 316—321.

Casetti, E.: Equilibrium Land Values and Population Densities in an Urban Setting, in: Economic Geography, 47 (1971) 1, Worcester, Mass., S. 16—20.

Chabrowski, S.: Die Suche nach dem gerechten Bodenpreis. Die Preisfreigabe für unbebaute Grundstücke darf nicht ersatzlos erfolgen, in: Der Volkswirt, 12 (1958) 7, S. 275—276.

Clawson, M.: Urban Sprawl and Speculation in Suburban Land, in: Land Economics, Madison, Wisc. 38 (1962) 2, S. 99—111.

Cremer, N.: Kostenfaktoren im Städtebau, in: Gemeinnütziges Wohnungswesen, 21 (1968) 11, S. 339—342.

Dahlhaus, J. und Marx, D.: Flächenbedarf und Kosten von Wohnbauland, Gemeinbedarfseinrichtungen, Verkehrsanlagen und Arbeitsstätten, in: Veröffentlichungen der Akademie für Raumforschung und Landesplanung, Beiträge Bd. 1, Hannover 1968.

Deinert, K.: Stadtentwicklung, Stadterneuerung und Grundeigentum. Bericht über eine Podiumsdiskussion, in: Zeitschrift für Vermessungswesen, 95 (1970) 12, S. 547—551.

Dreis, H.: Entwicklungstendenzen auf dem Bodenmarkt, in: Deutsche Wohnungswirtschaft, 22 (1970) 5, S. 171—173.

Dreis, H.: Hat das Stadtzentrum noch eine Zukunft? Ergebnisse eines internationalen Kongresses in Stockholm, in: Deutsche Wohnungswirtschaft, 21 (1969) 7, S. 245—251.

Drewett, R.: Land Values and Urban Growth, in: Chisholm, M., Frey, A. E., Haggett, P. (Hrsg.): Regional Forecasting. Proceedings of the Twentysecond Symposium of the Colston Research Society, London 1970, S. 335—357.

Duckert, W.: Die Stadtmitte als Stadtzentrum und Stadtkern. Funktionale und physiognomische Aspekte ihrer Nutzung am Beispiel von Darmstadt, in: Die Erde, 99 (1968) 3, S. 209—235.

Duwendag, P.: Wohnungsbau, Kosten, Mieten. Entwicklungstendenzen bis 1975, in: Gemeinnütziges Wohnungswesen, 23 (1970) 9, S. 403—407.

Eicher, F.: Ein Zahlenbild von München, in: Geographische Rundschau, 10 (1958) 6, S. 227—233.

Ernst, W.: Planungs- und Baurecht, in: HdRR, 2. Aufl. Hannover 1970, Sp. 2372—2386.

Esslen J. B.: Der Bodenpreis und seine Bestimmung, in: Grundrisse der Sozialökonomie, Bd. VII, Tübingen 1922, S. 125—130.

Fecher, H.: Abgedruckte Stellungnahme zum Bodenproblem aus steuerpolitischer Sicht (Anm. d. Verf.) in: Landeshauptstadt München. Initiative für eine Neuordnung des Bodenrechts, München 1972, S. 104—115.

Fehn, H.: Teilbedingte Wachstumserscheinungen an den Großstadträndern der Gegenwart, in: Berichte zur deutschen Landeskunde, 8 (1950) 2, S. 296—300.

Fehn, H.: Münchens Weg vom Klosterdorf zur Millionenstadt, in: Geographische Rundschau, 10 (1958) 6, S. 201—214.

Fehre, H.: Zyklisches Wachstum der Großstädte, in: Berichte zur deutschen Landeskunde, 7 (1950) 2, S. 332—339.

v. Felde, H. W.: Die volkswirtschaftliche Problematik der Erfassung von Wertsteigerungen des Bodens, in: Beiträge und Untersuchungen, N. F. der „Materialiensammlung für Wohnungs- und Siedlungswesen" Bd. 47, 1954.

Feuerstein, H.: Intersektoraler Bodentransfer und Agrareinkommen, In: Agrarwirtschaft, 21 (1972) 11, S. 377—383.

Fey, W.: Die Struktur des Baulandmarktes und die Differenzierung der Baulandpreise, in: Bundesbaublatt, 14 (1965) 12, S. 581—591.

Friedemann, H., Gratz, H. J. und Schroeder, K.: Stadterneuerung in den USA. 1. Teil: Planung, in: Raumforschung und Raumordnung, 24 (1966) 5, S. 209—219.

Frisch, Ch.: Der Begriff: Grundstückswert, in: Allgemeine Vermessungsnachrichten, 72 (1965) 7, S. 270—271.

Ganser, K.: Stadtgeographische Fragestellungen und Flächennutzungsplan am Beispiel von München, in: Nürnberger Wirtschafts- und Sozialgeographische Arbeiten, 5 (1966) S. 193—207.

Ganser, K.: Die Münchner City, Geschäftszentrum für 3 Millionen Kunden, in: Topographischer Atlas Bayern, München 1968, S. 240—241.

Ganser, K.: Image als entwicklungsbestimmendes Steuerungsinstrument, in: Bauwelt, 29 (1970) 25/26, S. 104—108.

Gassner, E.: Erschließung, in: HdRR, 2. Aufl. Hannover 1970, Sp. 627—641.

Gerardy, Th., Schlegtendal, G. und Tiemann, M.: Zur Ermittlung von Grundstückswerten 1968. Sammlung Wichmann, N. F. Schriftenreihe H. 9, Karlsruhe 1969.

Gerhart, K.: Münchner Boden von 3—1200 DM. Bericht über Schätzungsamt und Preisbehörde für Grundstücke, in: Süddeutsche Zeitung (25. 7. 1951) 169, S. 4.

Grohs, W.: Baunutzungsverordnung, in: HdRR, 2. Aufl. Hannover 1970, Sp. 175—183.

Grotz, R. und Kulinat, K.: Baulandpreise als Indikatoren für Verdichtungsprozesse, dargestellt am Verdichtungsraum Stuttgart, in: Jahrbücher für Statistik und Landeskunde von Baden-Württemberg, 18 (1973), 2, S. 48—81 (nach Abschluß der Arbeit erschienen).

Grübnau, E.: Hundert Jahre städtische Grundstückspreise 1870—1970, in: Festschrift für Hermann Wandersleb, Bonn 1970, S. 193—217.

Guth, H.: Statistische Betrachtungen zur Entwicklung der Bodenpreise am Beispiel von Basel, in: Kyklos, Internationale Zeitschrift für Sozialwissenschaften Bd. XV/1962, S. 279—294.

Halstenberg, F.: Eigentumspolitik und Bodenordnung, in: HdRR, 2. Aufl. Hannover 1970, Sp. 536—543.

Haman, U.: Bodenwert und Stadtplanung, Schriftenreihe des Vereins für Kommunalwissenschaften e. V., Bd. 24, 1969.

Hantschk, W.: Geschäfte in Etage und Passage. Eine stadt- und marktgeographische Untersuchung über Sonderstandorte des Einzelhandels in der Münchner Innenstadt. (Auszug aus der gleichlautenden Diss.) München 1967.

Hantschk, W.: Etagengeschäfte — Ergebnisse einer Untersuchung in der Münchner Innenstadt, in: Ingesta Report (1969) 5, S. 12—16.

Hantschk, W.: Erfahrungen mit Geschäftspassagen — Ergebnisse einer Untersuchung in München, in: Ingesta Report (1969) 4, S. 8—14.

Hantschk, W.: Die City-Detailstudien zur Standortdifferenzierung von Einzelhandelsgesellschaften im Geschäftszentrum von München, in: Verhandlungen des Deutschen Geographentages, Bd. 36, Wiesbaden 1969, S. 133—138.

Harris, C. und Ullman, E.: The Nature of Cities, in: The Annals of the American Academy of Political and Social Science, Vol. 242, 1945, S. 7—17.

Hartel H. G.: Wanderungsbewegung der Gastarbeiter in citynahe Gebiete, in: Bauwelt, 61 (1970) 47, S. 1834—1835.

Hartke, W.: Die „Sozialbrache" als Phänomen der geographischen Differenzierung der Landschaft, in: Erdkunde, X (1956) 4, S. 257—269.

Hartke, W.: Die Grundprinzipien der Sozialgeographischen Forschung, in: Geographical Papers, Zagreb 1970, 1, S. 105—110.

Haupt, E.: Gutachterausschüsse und Markttransparenz, in: Allgemeine Vermessungsnachrichten, 70 (1963) 7, S. 250—254.

Hayes, C. R.: Suburban Residential Land Values along the C. B. + Q.-Railroad, in: Land Economics, Madison, Wisc., Vol. 33 (1957) S. 177—181.

Heil, K.: Frauen am Stadtrand, in: Bauwelt, (1970) 12/13, S. 54—58.

Henzler, Th.: Chancen für München an der Nahtstelle von Altstadt zur Königlichen Stadt, in: Baumeister, 66 (1969) 12, S. 1605—1609.

Hofmeister, B.: Das Problem der Nebencities in Berlin, in: Berichte zur deutschen Landeskunde, 28 (1961) 1, S. 45—69.

Hofmeister, B.: Citynahe Wohnviertel nordamerikanischer Großstädte, in: Geographische Rundschau, 21 (1969) 9, S. 335—343.

Hoffmann, F.: Die Entwicklung der Baulandpreise nach der Baulandpreisstatistik 1961—1965, in: Bauamt und Gemeindebau, 39 (1966) 4, S. 147—151, 164; 5, S. 185—192.

Hoffmann, G.: Die Stadtregion und ihre innere Gliederung, in: Geographische Rundschau, 16 (1964) 10, S. 383—394.

Hoffmann, R.: Stadterneuerung und Verkehr, in: Aspekte der Stadterneuerung. Schriften des Deutschen Verbandes für Wohnungswesen, Städtebau und Raumplanung e. V. (1967) 73.

Hoyt, H.: Changing Patterns of Land Values, in: Land Economics, Madison, Wisc. 36 (1960) 2, S. 109—117.

Jenny, F.: Die Bodenspekulation aus der Sicht der Landesplanung, in: Plan (Schweiz) 17 (1960) 4, S. 105—113.

Jürgensen, H.: Bodenpreise — ein gesellschaftliches Problem, in: Der Verbraucher (1971) 13, S. 8—9.

Kain, J. F.: The Journey to Work as Determinant of Residential Location, in: The Regional Science Association Papers, 9 (1962) S. 137—160.

Kant, E.: Zur Frage der inneren Gliederung der Stadt,

in: Lund Studies in Geography, Serie B, Nr. 24. Proceedings of the IGU Symposium in Urban Geography, Lund 1960, S. 321—381.

Keller, J.: Die neue Statistik der Baulandpreise — Ergebnisse für das 2. Halbjahr 1961, in: Wirtschaft und Statistik (Textteil) (1962) 8, S. 457—459.

Kellerer, H.: Statistik, in: Handbuch der Wirtschaftswissenschaften, 2. Aufl., Bd. II, Volkswirtschaft, Köln und Opladen 1966, S. 387—465.

Kellermann, F.: Bodenwert und Baunutzbarkeit, in: Zeitschrift für Vermessungswesen, 87 (1962) 9, S. 343—348; Heft 10, S. 380—386; Heft 11, S. 427—436.

Klöpper, R.: Die City als Stadtteil, in: Lund Studies in Geography, Serie B (1962) 24, S. 535—553.

Knos, D.: Distribution of Land Values in Topeka, Kansas, in: Berry, B., Marble, D.: Spatial Analysis. A Reader in Statistical Geography, New Jersey 1968, S. 269—289.

Koepp, H.: Stockwerkseigentum — Wohnungseigentum (Dauerwohnrecht) —. Eine Gegenüberstellung, in: Zeitschrift für das gemeinnützige Wohnungswesen in Bayern, 58 (1968) 11, S. 709—711.

Kolo, H.: Perlach hat viele Gesichter, in: Neue Heimat (1970) 4, S. 1—2; S. 5—14.

Krieger, K.: München — Die jüngste Stadtmillion Deutschlands, in: Raumforschung und Raumordnung, 15 (1957) 2, S. 69—77.

Krüger, Th.: Eine Bemerkung zum Baulandpreis, in: Raum und Siedlung (1970) 8, S. 191—193.

Krüger, Th.: Der Baulandpreis bei neu entstehendem Bauland, in: Raum und Siedlung (1970) 12, S. 268—269.

Kunzmann, K. R.: Grundbesitz in Altstadtkernen, in: Berichte zur Raumforschung und Raumplanung, 14, Wien 1970, 1, S. 20—26.

Lachmann, B.: Index der Grund- und Bodenpreise? Eine Marktuntersuchung, in: Gemeinnütziges Wohnungswesen, 13 (1960) 6, S. 189—191.

Lichtenberger, E.: Die Bedeutung der Stadtgeographie für die Stadtplanung. Ein Diskussionsbeitrag am Beispiel von Wien, in: Städtebau im Ausland, Folge 3, Berlin o. J.

Lichtenberger, E.: Die Differenzierung des Geschäftslebens im zentralörtlichen System am Beispiel der österreichischen Städte, in: Tagungsbericht und wissenschaftliche Abhandlungen. Deutscher Geographentag Bad Godesberg 1967, Wiesbaden 1969, S. 229—242.

Lichtenberger, E.: The Nature of European Urbanism, in: Geoform 1 (1970) 4, S. 45—62.

Lichtenberger, E.: Ökonomische und nichtökonomische Variablen kontinentaleuropäischer Citybildung, in: Die Erde, 103 (1972) 3/4, S. 216—262.

Lupri, E.: The Rural-Urban Variable Reconsidered: The Cross-Cultural Perspective, in: Sociologia Ruralis, VII (1967) 1, S. 1—20.

Luther, E.: Stadtplanung und ihre Durchführung, in: Aufbau, 24, Wien 1969, 11, S 438—445.

Luther, E.: Die Landeshauptstadt Bayerns und ihre städtebaulichen Probleme, in: Deutsche Architekten- und Ingenieur-Zeitschrift, 8 (1970) 7/8, S. 126—129.

Maaß, L.: Die neuere Entwicklung der Bodenverhältnisse in München unter Berücksichtigung der Krisis der Jahre 1900 und 1901, in: Störungen im deutschen Wirtschaftsleben. Schriften des Vereins für Sozialpolitik, CXI (1903) 7, S. 207—228; S. 389—420.

Mahr, W.: „Boden", in: Staatslexikon, Bd. 2, 6. Aufl., Freiburg 1958, S. 74—80.

Maier, J.: München als Fremdenverkehrs-Stadt, in: Mitteilungen der Geographischen Gesellschaft in München, Bd. 57 (1972) S. 51—91.

Matti, W.: Hamburger Grundeigentumswechsel und Baulandpreise 1903—1937 und 1955—1962, in: Hamburg in Zahlen. Monatsschrift des Statistischen Landesamtes der Freien und Hansestadt Hamburg, 1963, Sonderheft 1.

Matzner, E.: Zur Theorie der Stadtwirtschaft — Eine Übersicht, in: Berichte zur Raumforschung und Raumplanung. 15, Wien 1971, 2, S. 3—11.

Maull, O.: München, geographische Gedanken zur Raumplanung der Stadt, in: Die Erde, 6 (1954) 1, S. 81—86.

Meinke, D.: Zur optimalen Nutzung der Bodenfläche in Großstadt-Einflußbereichen, in: Raumordnung und Landesplanung, Festschrift für Willi Guthsmuths, München 1971, S. 111—133.

Meyer, K.: Boden, in: HdRR, Hannover 1966, Sp. 198—208.

Mills, E. S.: The Value of Urban Land, in: Perloff, H. S. (Hrsg.) The Quality of the Urban Environment — Essays on „New Resources" in an Urban Age. Baltimore, Maryland 1969, S. 231—233.

Möller, H.: Der Boden in der politischen Ökonomie. Sitzungsberichte der Wissenschaftlichen Gesellschaft an der Johann Wolfgang Goethe Universität, Frankfurt/Main, 6 (1971) 1.

Mohring, H.: Land Values and Measurement of Highway Benefits, in: Journal of Political Economy, LXIX (1961) 3, S. 236—249.

Morgenroth, W.: Wohnungsüberfüllung und ihre Bekämpfung in deutschen Städten. Wohnungsstatistische Untersuchungen. Einzelheft des Statistischen Amtes der Stadt München Nr. 11, München 1914.

Murphey, R. E. und Vance, J. E.: Delimiting the CBD, in: Economic Geography, Worcester, Mass. 30 (1954) 3, S. 189—222.

Murphy, R. E., Vance, J. E. und Epstein, B. J.: Internal Structure of the CBD, in: Economic Geography, Worcester, Mass. 31 (1955) 1, S. 21—46.

v. Nell-Breuning, O.: Preisbildung am Bodenmarkt, in: Wirtschaftsfragen der freien Welt. Hrsg. Erwin v. Beckerath u. a. zum 60. Geburtstag von Bundeswirtschaftsminister Ludwig Erhard am 4. 2. 1957, Frankfurt/Main, S. 235—244.

Neubig, K.-H.: Münchens Beziehungen zu seiner Umgebung, in: Geographische Rundschau, 10 (1958) 6, S. 219—226.

Niemeier, G.: Citykern und City, in: Erdkunde, XXIII (1969) 4, S. 290—306.

Niemz, G.: Strukturanalyse und Stadtplanung in mittelgroßen US-amerikanischen Großstädten, in: Geographische Rundschau, 21 (1969) 9, S. 344—356.

o. V.: Vergleichsübersicht Baustaffel — Nutzungsziffer in Abhängigkeit von Größe und Form der Grundstücke. Unveröffentlichte Tabellen des Baureferates der Landeshauptstadt München o. J.

Pahl, R. E.: The Rural Urban Continuum: A Reply to Eugen Lupri, in: Sociologia Ruralis, Vol. VII, 1967, 1, S. 21—29.

Pape, S.: Das Grundstück: eine Grundeinheit der Datenbank für die Stadtplanung, in: Veröffentlichungen der Akademie für Raumforschung und Landesplanung; Forschungs- und Sitzungsberichte, Bd. 24 (Raum und Bevölkerung) 7, Hannover 1968, S. 119—134.

Partzsch, D.: Funktionsgesellschaft, in: HdRR, 2. Aufl. Hannover 1970, Sp. 865—868.

Patellis, N. und Hoffmann, P.: Öffentliche Planung Lehel in München, in: Bauwelt, 62 (1971) 7, S. 288—290.

Pfannschmidt, M.: Die Bodenrente in Raumwirtschaft und Raumpolitik, Bremen-Horn 1954. Veröffentlichungen der Akademie für Raumforschung und Landesplanung, Abhandlungen Bd. 25, 1953.

Pfannschmidt M.: Koordination von Planung, Erschließung, Bodenbewertung und Besteuerung, in: Mitteilungen des deutschen Verbandes für Wohnungswesen, Städtebau und Raumplanung, (1966) 5, S. 1—7.

Pohl, W.: Die Bodenfrage und der Städtebau, in: Gegenwartskunde, 19 (1970) 4, S. 363—376.

Pohl, W.: Raumordnung, Baulandpreise und Baulandnot als Lebensfragen der Bundesrepublik, in: Gegenwartskunde, 9, (1960) 3, S. 115—122.

Preis, K.-S.: Die Beseitigung der Wohnungsnot in München. Denkschrift und Anträge des Städtischen Wohnungsreferenten vom 24. Dezember 1927, München 1927.

Preißinger, H., Zametzer, P., Zapf, F. und Schoener, R.: München plant und baut, in: Bayerland, (1963) 10, S. 289—319.

v. Randow, F. W.: Kauf- und Pachtpreise für landwirtschaftliche Grundstücke in Industrieländern, in: Innere Kolonistaion, 14 (1965) 10, S. 290—294.

Ratcliff, R. U.: On Wendt's Theory of Land Values, in: Land Economics, Madison, Wisc. 33 (1957) S. 360—362.

Richard, H.: Boden und Geld in der Wirtschaft, in: Gemeinnütziges Wohnungswesen, 22 (1969) 12, S. 364—368.

Ritter, F. A.: An Appraisal of Measures of Residential Land Value, in: Economic Geography, Worcester, Mass. 47 (1971) 2, S. 185—191.

Rössler, R. und Langner, J.: Ermittlung von Grundstückswerten durch Gutachterausschüsse nach der Verordnung vom 7. 8.1961, in: Blätter für Grundstücks-, Bau- und Wohnungsrecht, 10 (1961) 18, S. 273—278.

Roth, G. D.: München — Stadt im Wandel, in: Bayernland, 73 (1971) 4, S. 18—31.

Ruppert, K.: Zur Definition des Begriffes „Sozialbrache", in: Erdkunde, 12 (1958) 3, S. 226—231.

Ruppert, K.: Zur Erfassung von Zentralitätsschwankungen in ländlichen Kleinstädten, in: Berichte zur deutschen Landeskunde, 24 (1959) 1, S. 80—85.

Ruppert, K.: Stadtgeographische Methoden und Erkenntnisse zur Stadtgliederung, in: Veröffentlichungen der Akademie für Raumforschung und Landesplanung. Forschungs- und Sitzungsberichte, Bd. 24. Raum und Bevölkerung, 7, Hannover 1968, S. 199—218.

Ruppert, K.: Die Bewährung des Sozialgeographischen Konzepts, in: Geographical Papers, Zagreb 1970, 1, S. 181—189.

Ruppert, K. und Schaffer, F.: Zur Konzeption der Sozialgeographie, in: Geographische Rundschau, 21 (1969) 6, S. 205—214.

Ruppert, K. und Maier, J.: Der Zweitwohnsitz im Freizeitraum — raumrelevanter Teilaspekt einer Geographie des Freizeitverhaltens, in: Informationen, 21 (1971) 6, S. 135—157.

Schäfer, H.: Neuere stadtgeographische Arbeitsmethoden zur Untersuchung der inneren Struktur von Städten. Teil 1. In: Berichte zur deutschen Landeskunde, 41 (1968) 2, S. 277—317.

Schäfer, H.: Neuere stadtgeographische Arbeitsmethoden zur Untersuchung der inneren Struktur von Städten. Teil 2. Die bereichsbildenden Funktionsstandorte, in: Berichte zur deutschen Landeskunde, 43 (1969) 2, S. 261—297.

Schaffer, F.: Die Stadt als Prozeß. Folgerungen für ihre innere Gliederung. Unveröffentl. Habil. Vortrag, München 1971.

Schlegthendal, G.: Zum Begriff des Verkehrswertes, in: Allgemeine Vermessungsnachrichten, 72 (1965) 7, S. 271—275.

Schmidt, D.: Grundeigentumswechsel in Hamburg 1955 bis 1968, in: Hamburg in Zahlen (1969) Juni-Heft, S. 142—148.

Schmidt, E.: Der Grundstücksmarkt von Mitte 1961 bis Mitte 1962, in: Bayern in Zahlen, 17 (1963) 2, S. 51—54.

Schnurr, H. E.: Grundeigentumswechsel und Baulandpreise in Hamburg 1961 bis 1973, in: Hamburg in Zahlen, 1974, Juli-Heft, S. 205—219 (nach Abschluß der Arbeit erschienen).

Schütz, O.: Der Regionalplan München, in: Raumforschung und Raumordnung, 14 (1956) 2/3, S. 126—137.

Schuh, E.: Das Baulandangebot von Mitte 1961 bis Mitte 1962, in: Bayern in Zahlen, 17 (1963) 3, S. 94—97 und S. 112.

Schuh, E.: Der Verkauf von Bauland in Bayern in den Jahren 1962—1964, in: Bayern in Zahlen, 19 (1965) 10, S. 333—338.

Schuh, E.: Der Baulandmarkt in Bayern — Ergebnisse der Statistik der Baulandpreise von 1962—1967, in: Bayern in Zahlen, 22 (1968) 6, S. 181—187.

Schuh, E.: Zu den Statistiken der Baupreise in Bayern. Preisindices für Bauwerke seit 1958, Baulandpreise ab 1962, in: Zeitschrift des Bayerischen Statistischen Landesamtes, 102 (1970) 1, S. 1—90.

Schumacher, H.: 800 Jahre Münchner Wirtschaftsleben — Vom Salzhandel zur Industriestadt, in: Geographische Rundschau, 10 (1958) 6, S. 215—219.

Seebauer, P.: Ermittlung von Verkehrswerten bebauter und unbebauter Grundstücke und ihre Problematik, in: Städtebauliche Beiträge (1967) 1.

Seele, W.: Kriterien der Bodenordnung und Grundstücksbewertung für die Stadterneuerung, in: Städtebauliche Beiträge (1969) 1, S. 1—20.

Seele, W.: Kritische Betrachtungen zur Situation in der Bodenordnung, in: Der Städtetag (1970) 4, S. 395—402.

Seele, W.: Einfluß der Bodenpreise auf die Stadtentwicklung, in: Städtebauliche Beiträge (1971) 2, S. 135—146.

Seyfried, W. R.: The Centrality of Urban Land Values, in: Land Economics, Madison, Wisc. 39 (1963) S. 275—285.

Simmons, J. W.: Changing Residence in the City, A Review of Intraurban Mobility, in: Geographical Review, New York, 58 (1968) 4, S. 622—651.

Sinclair, R.: „v. Thünen and Urban Sprawl", in: Annals of the Association of American Geographers, Lawrence, Kansas, 57 (1967) 1, S. 72—87.

Solomon, R. J.: Property Values as a Structural Element of Urban Evolution, in: Economic Geography, Worcester, Mass. 45 (1969) 1, S. 1—29.

Städt. Berwertungsamt München (Hrsg.): Jahresbericht über den Grundstücksverkehr im Stadtgebiet München 1965.

Statistisches Amt der Stadt München: Statistisches Handbuch der Stadt München. Erste Ausgabe München 1928.

Stegemann, P.: Grundbesitzwechselstatistik, in: Allgemeines Statistisches Archiv, 13 (1921/1922) S. 353—370.

Steinmüller, G.: Der Münchner Stadtkern — Eine sozialgeographische Studie, in: Landeskundliche Forschungen (1958) 38, S. 1—46.

Storbeck, D.: Zur Methodik und Problematik von Maßstäben der regionalen Konzentration, in: Raumforschung und Raumordnung, 27 (1969) 5/6, S. 214—221.

Strunz, E.: Neue Erholungsgebiete im Großraum München, in: Natur und Landschaft, 44 (1969) 10, S. 284—286.

Suckart, M.: Das Planbild der Altstadt von München, in: Geographische Rundschau, 3 (1951) S. 477—479.

Tanabe Ken-ichi: Change of Land-Value Distribution and its Geographical Meaning, in: Annals of the Tohoku Geographical Association, 4 (1951) 1, S. 1—4.

Tiemann, M.: Der Richtwert nach dem Bundesbaugesetz, in: Allgemeine Vermessungsnachrichten (1964) 2, S. 50—59.

Tiemann, M.: Die Baulandpreise und ihre Entwicklung, in: Der Städtetag, NF 23 (1970) 11, S. 562—573.

Tiemann, M., Gerardy, Th. und Schlegthendal, G.: Zur Ermittlung von Grundstückswerten, in: Allgemeine Vermessungsnachrichten, 72 (1965) 7, S. 276—281.

Vietor, A.: Besserer Städtebau durch bessere Eigentumsformen, in: Zeitschrift für Vermessungswesen, 95 (1970) 12, S. 539—545.

Vogel, H.-J.: Münchner Erfahrungen zur Reform der Bodenordnung, in: Raum und Siedlung (1968) 5, S. 130.

Wendt, P. F.: Theory of Urban Land Values, in: Land Economics, Madison, Wisc. 33 (1957) S. 228—240.

William-Olsson, W.: Stockholm. Its Structure and Development, in: Geographical Review, New York 30 (1940) S. 420—438.

Wintz, D.: Alt-Solln bald eine baumlose Steinwüste? in: Münchner Merkur (14./15. August 1971) 185, S. 9.

Wintz, D.: Baustaffel 9 ist an allem Schuld, in: Münchner Merkur (17. August 1971) 187, S. 9.

Wolf, K.: Wanderbewegung und Grundstückspreise als Indikatoren dynamischer Stadt-Umland-Verflechtung, in: Raumforschung und Raumordnung, 27 (1969) 1, S. 22.

Wolf, K.: Neuere Ergebnisse stadtgeographischer Forschung erläutert an Beispielen aus dem Rhein-Main-

Gebiet, in: Berichte zur deutschen Landeskunde, 45 (1971) 2, S. 135—144.

Wurzer, R.: Verfeinerung der Abgrenzung von Stadtregionen auf Grund der Intensität des Grundstücks- und Realitätenmarktes, in: Beiträge zur Raumforschung. Festschrift zum 60. Geburtstag von Hans Bobek. Schriftenreihe der Österreichischen Gesellschaft zur Förderung von Landesforschung und Landesplanung, Wien, Bd. 2, 1964, S. 103—127.

Yeates, M. H.: Einige Bestimmungsfaktoren für die räumliche Verteilung der Bodenwerte in Chicago 1910—1960, in: Bartels, D. (Hrsg.) Wirtschafts- und Sozialgeographie, Köln-Berlin 1970, S. 323—340.

VERZEICHNIS DER TABELLEN IM TEXT

Tab. 1 Die freiwillig verkauften unbebauten Grundstücke mit Angabe des Kaufpreises in ausgewählten Städten 1896—1936   12

Tab. 2 Die freiwilligen Veräußerungen unbebauter Grundstücke in ausgewählten Städten von 1927—1938   13

Tab. 3 Die Preise für baureifes Land in Städten mit über 500 000 Einwohnern 1962—1970   19

Tab. 4 Die Baulandveräußerungen in München 1962—1971 nach Baulandarten   25

Tab. 5 Die Baulandveräußerungen 1962—1968 bzw. 1971 in ausgewählten Teilräumen Bayerns   28

Tab. 6 Flächen- und Kaufsummenkonzentration in der Region München einschließlich München-Stadt 1962—1968   61

Tab. 7 Die Konzentration des Baulandmarktes in der Region München   63

VERZEICHNIS DER ABBILDUNGEN IM TEXT

Abb. 1 Die Preise für freiwillig veräußerte unbebaute Grundstücke in ausgewählten Städten 1896—1936   14

Abb. 2 Die Preise für freiwillig veräußerte unbebaute Grundstücke in ausgewählten Städten 1930—1937   17

Abb. 3 Die absolute Preissteigerungsquote für baureifes Land in Städten mit mehr als 500 000 Einwohnern 1963 bzw. 1965—1969   20

Abb. 4 Die relative Preissteigerungsquote für baureifes Land in Städten mit mehr als 500 000 Einwohnern 1965—1969   22

Abb. 5 Entwicklung vom Boden zum Bauland   36

Abb. 6 Das Maß der baulichen Nutzung   39

Abb. 7 Die Preise für bebaute Grundstücke in der Altstadt München 1703—1803   46

Abb. 8 Die Konzentration des Baulandmarktes in der Region München 1962—1968   62

Abb. 9 Die räumliche Ausprägung der Preissteigerung 1904—1969/70   75

VERZEICHNIS DER KARTEN

Karte 1 Die Bodenpreise in München. Preise für bebaute Grundstücke im 18. Jahrhundert S. 48/49

Karte 2 Die Bodenpreise in München. Preise für bebaute Grundstücke 1862/1865 S. 48/49

Karte 3 Die Bodenpreise in München. Preise für bebaute Grundstücke 1896/1900 S. 48/49

Karte 4* Die Bodenpreise in München. Preise für unbebaute Grundstücke 1904

Karte 5* Die Bodenpreise in München. Preise für unbebaute Grundstücke 1936

Karte 6* Die Bodenpreise in München. Richtwerte für unbebaute Grundstücke 1960

Karte 7* Die Bodenpreise in München. Richtwerte für unbebaute Grundstücke 1971/1972

Karte 8* Die Bodenpreise in der Region München. Preise für landwirtschaftliche Nutzfläche 1965/66 (häufigster Wert)

Karte 9* Der Bodenmarkt in der Region München. Flächenumsatz und Konzentration für Bauland insgesamt 1962—68

Karte 10* Die Bodenpreise in der Region München. Flächenumsatz und Durchschnittspreis für baureifes Land 1962—68

Karte 11* Die Bodenpreise in München. Geschoßflächenpreise für unbebaute Grundstücke 1971/72

Karte 12* Die Bodenpreise in der Münchner Innenstadt. Preise für unbebaute Grundstücke 1904

Karte 13* Die Bodenpreise in der Münchner Innenstadt. Richtwerte für unbebaute Grundstücke 1969/70

Karte 14 Die Bodenpreise in der Münchner Innenstadt. Verlagerung des Cityrandes 1904—1969/70 S. 76/77

* Karten im Anhang.

SUMMARY

The first official land value statistics were published at the beginning of the 20th century. Since then, we find material on land values in irregular intervals in such sources as the statistics of the German Empire on land ownership changes or the building-site value statistics of the Federal Republic of Germany. They show that in many towns prices were essentially higher at the beginning of this century than in 1936 when the prices were stopped by law. The new building-site value statistics (since 1962) show heavy increases of prices in all bigger cities, Munich showing especially high increases absolutely as well as relatively.

The problems connected with the average prices in the official statistics and with three different currencies (Mark, Reichsmark, Deutsche Mark) in the course of the last 70 years, lead to a new methodological attempt, namely to comparatively analyze land value structures by the application of average prices proportional to the area in connection with constant scale relations. Besides the most important factors influencing land value and their respective significances are being analyzed.

Even a long time before the first official statistics, we find information on the historic land value structure in the precincts of the city of Munich. The price structure of the eighteenth century differentiated on the basis of streets, already contents the dominant characteristics of the present valuation pattern. That means that the main business streets — dividing the city centre crosswise from the north to the south an west-east — with their high values are clearly constrasted to the areas lying between them. The higher valuation of the northern parts of the city centre in comparison to both the southern quarters, based on social causes, can be clearly seen as well.

Based on the prices of the years 1904, 1936, 1960 and 1971, the situation of the 20th century can be represented. The valuation of the south at first quite low is turning over to the contrary between 1904/36. The differentiation of more or less preferred living-quarters can be clearly seen in their respective values as well as the importance of suburban supply centres reflected in their different land values.

Low land value areas that could be found in considerable parts of the urban precinct in the first three decades of the century have completely disappeared in the sixties and seventies. This fact can be taken as an indication towards the increasing importance of the regional land market. The agricultural areas dealt with under the aspect of future conversion into building-sites hint at the metropolitan influence and the urban market concentration as well as the increasing prices for building-sites in the urban fringe area. In only 20 of 460 township in the Greater Munich Region more than half the area dealt at all was sold for more than two thirds of the buying sum in the period 1962—1968.

In order to eliminate the influence of the intensity of use on land value, the prices per total floor area were mapped for the year 1971. This map shows the land value per square metre of floor area on the respective site. Whereas the land value is decreasing from the city centre to the outer suburbs, the prices per total floor area are heavily decreasing to the intra-urban blight areas, but increasing again to the preferred living-quarters in the suburbs. So the land value per floor area can be used as a good indicator for urban renewal necessity.

The long period of investigation of nearly 70 years made it possible to analyze the laws of long-term tendencies of land value changes in the area of the city. On the whole, the outer suburbs show the highest increases in land value in this period of 1904—1969/70. To the city centre the increase becomes smaller and smaller, with a minimum in the fringe area of the city centre. In the centre itself the increase is higher again. The line connecting those sites of minimum land value increases round the city centre is identical with the edge of the central business district (CBD) and can be used to delimitate it.

RÉSUMÉ

Les premières sources de la statistique portant sur les prix des terrains qui a été officiellement publiées, remontent au début du 20ᵉ siècle. Sporadiquement, mais englobant normalement plusieurs années, on trouve du matériel dans les statistiques établies sur les changements de propriété du Reich jusqu'aux statistiques concernant lex prix des terrains de la République Fédérale d'Allemagne. D'après cela, dans beaucoup de villes les prix étaient considérablement plus élevés au début de ce siècle qu'au moment du décret de 1936 sur le blocage des prix. La statistique établie sur les prix des terrains et partant de 1962 montre pour toutes les grandes villes une montée vertigineuse des prix; Munich arrive en tête en ce qui concerne l'augmentation des prix absolue et relative par an.

Le caractère problématique des prix moyens de la statistique officielle, d'une part, et le fait de trois monnaies différentes (le Mark, le Reichsmark et le Deutsche Mark) au cours des 70 années dernières, d'autre part, nous mène à une nouvelle méthode concernant l'analyse comparative des terrains par l'application d'un prix moyen proportionel à la superficie en rapport avec les relations entre les valeurs limites. A part cela, on analyse les facteurs d'influence sur les valeurs de terrains en rapport avec leur effet sur les prix de terrains.

Bien avant l'éxistence de la statistique officielle on trouve des informations sur la situation historique des prix des terrains dans le territoire de la ville de Munich. La structure des prix, différente selon les rues, contient déjà les caractères principaux de notre modèle d'évaluation actuel. D'après cette structure la croisée des rues principales d'affaires dans la direction nord-sud et ouest-est se détache distinctement avec ses valeurs plus élevées des régions situées à l'écart. Il en ressort également que comparaison faite avec les quartiers au sud de la ville la valeur est plus haute du territoire au nord, dû à des facteurs sociaux.

A l'aide de la situation des prix dans les années 1904, 1936, 1960 et 1971 on fait une coupe transversale représentative du 20ᵉ siècle. L'appréciation du sud de Munich qui au début était assez basse, passe á l'opposé en l'espace de quelques années. La différenciation d'après les prix des quartiers préférés ou moins préférés s'y montre aussi bien que l'importance des centres suburbains qui se répercute sur le niveau des prix.

Les prix „de plancher" pour les terrains, qui étaient caractéristiques pour de vastes parties du territoire de la ville dans le premier tiers de ce siècle ne se rencontrent plus dans les années 60 et 70, fait que l'on peut juger indicatif de l'importance croissante du marché foncier régional. Les terrains agricols dont on fait le commerce, pensant y construire dans l'avenir, ainsi que les prix pour les terrains à bâtir dans les communes de la région indiquent l'influence de la ville et la concentration du commerce qui en suit. Sur les 460 communes de la région il y a 20 communes qui vendent plus de la moitié des terrains pour plus de deux tiers des prix d'achat dans l'espace de 1962 à 1968.

Pour éliminer l'influence de l'intensité d'utilisation architectorale sur le prix du terrain, on a établi en 1971 une carte des prix de superficies d'étages; elle exprime la part de prix de terrain pour un mètre de terrain d'utilisation architecturale. A l'opposé des prix de terrain qui vont en décroissant du central à la banlieue les prix de superficies d'étages dans les régions d'assainissement à l'intérieur de la ville décroissent beaucoup plus tandis qu'ils montent en flêche dans la banlieue, dans les quartiers de prédilection. Le prix de superficies d'étages s'avère être un bon indicateur d'assainissement. Les enquêtes effectuées sur une période de presque 70 ans ont permis l'analyse de la régularité des tendances à long terme de changement des prix dans le territoire de la ville. D'après cette enquête c'est la périphérie qui a connu la courbe la plus élevée des prix de 1904 à 1969/70. En direction du centre de la ville cette augmentation flanche, parcourt un minimum dans les pourtours du centre et la courbe remonte dans la Cité même. La relation entre ces endroits qui gravitent autour du centre et où l'augmentation des prix est minime, est identique à la périphérie de la cité et peut servir de méthode de délimitation de la Cité.